내 품격을 높이는

우리말
사용설명서

내 품격을 높이는

우 리 말
사 용 설 명 서

초판 1쇄 인쇄 2020년 10월 22일
초판 2쇄 발행 2021년 08월 10일

지은이 이 미 숙

펴낸이 강기원
펴낸곳 도서출판 이비컴

디자인 이유진
편 집 윤주희
마케팅 박선왜

주 소 (02635) 서울 동대문구 천호대로81길 23, 201호
전 화 02-2254-0658 **팩스** 02-2254-0634
등록번호 제6-0596호.(2002.4.9)
전자우편 bookbee@naver.com
I S B N 978-89-6245-182-5 (03700)

ⓒ 이미숙, 2020

이 도서의 국립중앙도서관 출판예정도서목록(CIP)은 서지정보유통지원시스템 홈페이지
(http://seoji.nl.go.kr)와 국가자료종합목록 구축시스템(http://kolis-net.nl.go.kr)에서 이용하
실 수 있습니다.(CIP제어번호 : CIP2020044023)

내 품격을 높이는

우리말 사용설명서

글·그림 이미숙

이비락 樂

말은 정신의 집이라고 한다. 내가 쓰는 말에 내 정신세계가 들어 있다. 내가 쓰는 말이 내 생각과 감정을 전달할 뿐만 아니라 내 인격과 교양을 그대로 드러낸다. 바르고 고운 말을 사용하는 사람에게서는 품위 있는 인격과 교양이 풍긴다.

반면에 틀린 말인 줄도 모르고 아무렇지도 않게 말하는 사람을 교양인으로 보기 힘들고, 외국어를 뒤섞어 어지럽게 말하는 사람을 품격 있다 말하기 어렵다.

내가 사는 집이 반듯하고 깨끗해야 나와 내 가족이 건강하고 편안하게 살 수 있듯이 내가 사용하는 말이 바르고 고와야 나와 내 가족의 정신이 바르고 건강하다. 내가 사용하는 말은 내 정신의 집일뿐만 아니라 내 아이들이 태어나서부터 듣고 소통하는 내 가족 모두의 집이기 때문이다.

내 아이가 쓰는 말은 내가 쓰는 말이다. 아이들은 부모의 언어를 그대로 이어받는다. 내가 바르고 품위 있는 말을 쓰면 내 아이도 바르고 품위 있게 말하는 사람이 된다.

나와 내 가족을 위해 매일 집을 살피고 아름답게 가꾸는 것처럼 내가 사용하는 말들을 살펴서 아름답게 가꾸어 바르고 고운 언어생활을 하자.

이 책은 저자가 우리말에 대해 기고해 온 칼럼을 주제별로 간추려 엮은 것이다.

1장 '**바르게 쓰자 우리말**'에서는 우리가 자주 쓰는 말 가운데 습관적으로 잘못 사용하거나 헷갈려 하는 말들을 알기 쉽게 바로잡았다.

2장 '**알고 쓰자 한자말**'에서는 우리가 뜻도 모르면서 남들 따라 쓰는 한자말, 문맥이나 상황에 맞지 않게 쓰는 한자말들의 뜻을 자세히 풀이하여 예문과 함께 바로잡았다.

3장 '**솎아내자 일본말**'에서는 그것이 일본에서 들어온 말인 줄 모르고 우리말 대신에 무심히 사용하는 일본말들을 집어내고 대신에 순화한 우리말을 제시하였다.

글을 되도록 쉬운 말로 썼으며 잘못 사용하는 말들 하나하나에 예문과 그림을 곁들여 놓아 어린 학생부터 나이 드신 어르신까지 모든 독자가 쉽게 이해할 수 있게 하였다.

이 책을 읽는 사람들이 자신의 언어생활을 돌아보고 지금까지 잘못 사용해오던 말들을 고쳐서 바르고 고운 말과 글을 사용하는 품격 있는 교양인이 되기를 희망한다.

글 쓰고 그림 그리는 일을 끊임없이 응원해 준 남편과 아들, 동생 내외, 그리고 친구들에게 감사한다. 모두가 힘이 되어 나를 앞으로 나아가게 했다. 장인정신으로 좋은 책을 만들어 주신 출판사 관계자께 감사드린다.

차 례

2장 알고 쓰자 한자말

3장 솎아내자 일본말

일러두기

책에 나오는 틀린 표현은 *기울임체* 별색으로, 바른 표기는 **짙은 검정**으로 표시하였다.
그 외 단행본 제목은 『　』표기를, 기타 영화, 노래 제목은 〈　〉로 표기하였다.

1장

바르게 쓰자 우리말

'너무'를 너무 쓴다

"*너무* 축하해. 아기가 *너무너무* 이쁘다."
"*너무* 고마워. 나 *너무* 기뻐."

'너무'를 너무 많이 쓴다는 것을 알고 있는가? 2015년 국립국어원은 현실 쓰임의 변화에 따라 '너무'를 긍정적인 서술어와도 어울려 쓸 수 있다고 수정했다.

'너무'는 '벗어나 지나다', '지나치다'의 뜻을 지닌 '넘다'에서 파생된 말이어서 '너무 늦었다' '너무 어렵다'처럼 부정의 의미를 가진 말과 어울려야 자연스러운 말이다.

언제부터인가 '너무'를 긍정적인 표현에도 많이 쓰고 있는 언어 현실을 반영하여 위와 같은 결정을 내린 것으로 보인다. 틀린 말을 바로잡기보다는 그대로 인정해 주는 것이 수월하기 때문인지도 모르겠다.

그러나 그것으로 문제가 해결된 것이 아니다. 수정된 의미로 보아도 '너무 좋다'는 '지나치게 좋다'는 의미에서 여전히 벗어나지 못하여 어색하다. '너무'를 '지나치게'로 바꾸면 분명히 드러난다.

"*너무*(지나치게) 축하해." "*너무*(지나치게) 예쁘다." "*너무*(지나치게) 고마워."
"*너무*(지나치게) 기뻐." 우스꽝스럽지 않은가?

우리에게는 '너무'가 들어갈 자리에 적합하게 쓸 수 있는 섬세하면서도 풍부한 뜻을 지닌 말들이 많이 있다.

"**정말** 사랑해." "옷이 **참** 예쁘네요." "**아주** 행복합니다." "**무척** 좋다."
"이 물건이 **꽤** 좋아 보이는구나." "**매우** 기쁘다."

이 좋은 말들을 버리고 '너무'만 너무 쓰는 현실이 안타깝다.

'다르다'와 '틀리다'는 다르다

많은 사람들이 틀리게 사용하는 말 가운데 하나가 '틀리다'이다.

"내 생각은 네 생각과 **틀려**."

"너네는 쌍둥이인데 얼굴이 서로 **틀리는구나**."

위의 문장에서 '틀리다'는 틀린 말이다. '다르다'로 써야 한다.

'다르다'는 형용사로서 "비교가 되는 두 대상이 서로 같지 아니하다. 보통의 것보다 두드러진 데가 있다."의 뜻이다.

"지금 네가 하는 말은 어제 한 말과 **다르구나**."

"그 사람은 예전과는 **다른** 모습으로 사람들 앞에 나타났다."

"우리 아버지 솜씨는 역시 (남들과) **달라**."와 같이 '-이 -과 다르다'의 짜임으로 쓴다.

'틀리다'는 동사이며 "셈이나 사실 따위가 그르게 되거나 어긋나다. 바라거나 하려는 일이 순조롭게 되지 못하다."라는 뜻이다.

"철수가 쓴 답이 **틀렸어**. 영희의 답이 맞아."

"그 일을 제 시간에 맞추기는 **틀렸다**."

와 같이 '-이 틀리다', '-이 -을 틀리다'의 형태로 쓴다. '다르다'와 '틀리다'를 잘 가려 써야 "자라는 아이들은 어제 **틀리고** 오늘 **틀리고** 내일 **틀리다**."와 같은 해괴한 말이 나오지 않는다. 아이들은 매일 성장하므로 어제 다르고 오늘 다르고 내일도 달라질 것이다.

학생들과 시조 쓰기를 하면서 나도 마침 이 내용을 시조에 담아 아이들과 함께 큰 소리로 읊었다.

'다르다'와 '틀리다'는 서로 다른 말이다.

'다르다'는 '같지 않다', '틀리다'는 '맞지 않다'.

'달라'를 '틀려'로 쓰면 틀린 말이 된다네.

교복이 서로 **틀리다**.

　　　↘ **다르다**.

답이 다 **틀리다**.

아이는 어제 **다르고** 오늘 **다르고** 내일 **다르다**.

굵은 목, 가는 목소리

의사 : 목이 **굵으면** 당뇨병 발생 위험이 올라갑니다.

사회자 : 목이 *두꺼우면* 남자다워 보이죠.

보조 진행자 : 목이 점점 *두꺼워져서* 고민이에요. 내 목이 *두꺼운 거죠?*

의사 : 목이 **굵으신** 겁니다.

사회자 : **목둘레 사이즈**를 재 볼까요?

사회자 : 허벅지가 *두꺼운* 게 좋아요, *얇은* 게 좋아요?

의사 : 허벅지가 *두꺼울수록* 좋은 겁니다.

한 TV 프로그램에서 출연자들이 주고받은 대화 내용이다. 건강에 유익하다 생각하여 자주 시청하는 프로그램인데 출연자들의 이런 비상식적인 언어 때문에 듣는 내내 마음이 불편했다. 더군다나 사회자가 아나운서임에도 잘못된 말들을 바로잡기는커녕 앞서서 틀리고 있으니, 바르게 사용하던 의사마저도 곧 틀린 말을 따라 사용하는 것을 볼 수 있다.

이렇듯 방송에서 사용하는 잘못된 말들은 곧바로 시청자들에게 영향을 끼쳐 우리말을 점점 더 어지럽게 만든다.

'두껍다'는 '(평평한 물건의) 두께가 크다'의 의미이다. '**두꺼운 널빤지**', '**두꺼운 옷**', '**두꺼운 책**' 등이 맞는 표현이며, '두껍다'의 반의어는 '얇다'이다.

'굵다'는 '몸피가 크다', '둘레가 크다', '소리의 울림이 크다'의 의미이며, '**굵은 철사**', '**목이 굵다**', '**목소리가 굵다**' 등으로 쓰이며 반의어는 '가늘다'이다. 따라서 목과 허벅지는 두꺼운 것이 아니라 굵은 것이고, '목둘레 사이즈'가 아니라 '목의 굵기'이다.

방송국은 잘못 사용한 말에 대해서 정정 보도를 해야 한다.

굉장한 일일까?

'굉장히', '굉장하다'는 말을 사람들은 참 많이 쓴다. '굉(宏)'은 '크다, 넓다', '장(壯)' 역시 '크다, 굳세다'의 뜻을 가지고 있어서, 두 한자가 결합된 '굉장'은 '아주 크고 으리으리함', '아주 크고 훌륭함'의 뜻이다. 여기에서 파생된 '굉장히', '굉장하다'는 긍정적인 뜻을 가진 말과 어울려 쓰인다. "저 건물은 굉장히 크다." "굉장히 많은 사람들이 왔다."

그런데 이런 말들은 어떤가?

"어제 네가 오지 않아 *굉장히* 슬펐어." "나 머리가 *굉장히* 아파." 심지어는 "그거 *굉장히* 작구나!" "이거 *굉장히* 귀엽지?" "허리가 *굉장히* 가늘다."

앞뒤가 모순된 이상한 말들이다. 사람들은 소박하고 진실한 것보다는 과장된 표현 쓰기를 좋아하는 것 같다. 이렇게 써 보자.

"어제 네가 오지 않아 **무척** 슬펐어." "나 지금 머리가 **몹시** 아파." "그거 **참** 작구나!" "이거 **정말** 귀엽지?"

사람들은 들리는 말에 영향을 받는다. 자꾸 들리는 말이 머릿속에 저장되어 자신도 모르는 사이에 그 말을 입으로 내뱉게 된다.

지난번 올림픽 경기 중계자와 해설자들의 말을 옮긴다. 이 말들이 아무렇지도 않다면 당신도 '굉장히'에 중독된 사람이다.

"손 선수 옆에서 조언을 *굉장히* 많이 해 주었습니다. *굉장히* 기대됩니다." "*굉장히* 차분하게 연기하고 있습니다." "이 선수는 허리 유연성이 *굉장히* 좋고요, 탄력이 *굉장히* 좋아요." "얼굴 발차기를 *굉장히* 잘해요." "박 선수 공이 *굉장히* 부드럽죠?" "날씨가 *굉장히* 좋아요." "몸 컨디션이 *굉장히* 안 좋았거든요."

제가 하도록 하겠습니다

"제가 *하도록* 하겠습니다."

"지금부터 회의를 *시작하도록* 하겠습니다."

"다음 출연자를 모셔 *보도록* 하겠습니다."

주변에서, 방송에서 흔히 듣는 표현이다. 국민 MC라 불리는 유명 아나운서들도 이렇게 말한다. 그러나 위의 문장에 쓰인 '-도록'은 모두 잘못 쓰였다. '-도록'을 다 빼버려야 한다.

"제가 **하겠습니다.**"

"지금부터 회의를 **시작하겠습니다.**"

"다음 출연자를 모셔 **보겠습니다.**"

이런 깔끔한 말이 우리말이다.

'-도록'이 쓰이는 경우는

첫째, 어떤 동작이나 상태가 '어디에 이르기까지'의 뜻으로,

"영희는 **밤 한 시가 되도록** 공부를 하였다."

"그는 **목숨이 다하도록** 교육에 힘썼다."

"그들은 **날이 새도록** 열띤 토론을 했다."

둘째, '다른 대상이 어떤 행위를 하게끔 시키다'의 뜻으로,

"**나무가 잘 자라도록** (내가) 거름을 주었다."

"**아이들이 길을 잘 건널 수 있도록** (어른들이) 살펴야 한다."

"축대가 **무너지지 않도록** (제가) 단단히 조치하겠습니다."

셋째, '해라'할 자리에 쓰여, 명령의 뜻을 나타내는 종결 어미로,

"열두 시까지 이 자리에 다시 **모이도록**(모여라)!"

"열심히 운동해서 **건강해지도록**(건강해져라)!"

"국민 MC들이여, 지금부터라도 우리말을 바르게 **쓰도록**(써라)!"

불필요한 '도록'을 붙여 쓰는 버릇을 고치자.

분과 님

사람을 뜻하는 말로 '분'이 있다. '분'은 의존명사로서 꾸며주는 말 다음에 쓰여 사람을 높여 일컫는 말이다.

"많이 모이셨네요. **한 분, 두 분, 세 분 …**"

"어제 절 **찾아오신 분**이 누구세요?"

와 같이 '-하시는(하신) 분'의 형태로 쓰인다. 다른 말과 '분'이 결합한 합성어로는 '**여러분, 이분, 저분, 그분**' 등의 대명사가 있다.

그런데 '분'을 다른 말 뒤에 접미사처럼 붙여 억지 높임말로 사용하는 경우가 많다.

'**사회자분, 주부분, 학생분, 출연자분, 참가자분, 목격자분…**' 심지어는 '**어른분**', '**형님분**', '**선배분**'이라고 말하는 사람도 보았다.

우리 국민이 지나치게 겸손한 때문인지, 높임법에 대한 강박 때문인지 알 수 없으나 이 정도면 높임법이 단순히 틀린 수준을 넘어 심각한 지경이다.

누구를 높이려면 명사 뒤에 '님'을 붙여 쓰는 것이 자연스럽다. '**사회자님, 주부님, 출연자님, 선배님, 형님** …'

'분'을 쓰려면 '**사회보시는 분, 출연하신 분, 신청하신 분**'이라 써야 한다. '학생'과 '목격자'는 굳이 높일 필요가 없는 말이고, '어른'을 높이려면 '어르신'이라 하면 된다.

우리말은 조사나 서술어로도 높임이 가능하다.

"참가자**께서 나오셨습니다.**"

"출연자를 **모시겠습니다.**"

억지 높임말을 쓰느라 '분'을 아무데나 붙여 쓰지 말자. 말이 불편하게 삐걱거린다.

사회자**님**,
시작하시죠.

여러**분** 안녕하십니까?
회원**님**들 많이 오셨네요.
맨끝에 앉으신 **분**
말씀하세요.

님
참석자분이 모두 몇 분이죠?

라구요

"글을 **쓴다라는** 것은 생각을 정리하는 일이다."
"닭고기가 의외로 당뇨병에 **좋다라고** 한다."
"나는 그림에 소질이 *있다라는* 생각이 든다."

요즘 부쩍 이렇게 말하는 사람들이 많아졌다. 누군가 방송에 자주 나오는 사람의 잘못된 말 습관이 퍼진 듯하다. 듣기 불편하고 거슬리는 것 이전에 이것은 우리말의 체계를 깨뜨리는 일이므로 바로 알고 바로 써야 한다.

위 예문들은 인용문이 아닌데도 '라는/라고'를 붙여 쓰고 있어서 아주 불편한 말이 되었다. '-다' 뒤에는 '라고'가 아닌, 간접 인용을 나타내는 '-고'를 써야 한다.

"글을 **쓴다는** 것은 생각을 정리하는 일이다."
"닭고기가 의외로 당뇨병에 **좋다고** 한다."
"나는 그림에 소질이 **있다는** 생각이 든다."

'라고'는 직접 인용문에 붙여 써야 한다.
"철수가 '나 이제부터 공부 안 할 거야.'**라고** 폭탄선언을 했다."
"하이데거는 '말은 정신의 집이다.'**라고** 말했다."
"고향 생각나실 때면 내 아버지 이렇게 얘기했죠. '꼭 한 번만이라도 가 봤으면 좋겠구나.'**라구**(→ **라고**)요."

자신이 사용하는 말을 늘 살펴 바르고 교양 있게 쓰자.

약속을 잊어 친구를 잃다

"나 어제 밖에서 휴대폰 *잊어버렸어*(잃어버렸어)."

"우리가 약속을 했었나? 내가 *잃어버렸나*(잊어버렸나) 보다."

위 예문처럼 '잊다'와 '잃다'를 혼동하여 쓰는 것을 흔히 본다.

'잊다'는 '기억하지 못하다. 마음에 새겨 두지 않고 저버리다.'의 의미이다.

"약속을 **잊다**." "나이를 **잊다**." "본분을 **잊다**." "은혜를 **잊다**."

'잃다'는 훨씬 더 많은 의미를 가진 다의어이다.

"지갑을 **잃었다**."(가졌던 물건이 자기도 모르게 없어지다.)

"노름에서 돈을 **잃었다**."(손해보다.)

"부모를 **잃었다**."(가까운 친족이 죽는 일을 당하다.)

"목숨을 잃다." "희망을 **잃다**."(있던 것이 없어지거나 사라지다.)

"친구를 **잃다**."(가까운 사람과의 관계가 끊어지다.)

"길을 **잃다**."(방향을 못 찾다.) 등이 있다.

아주 잊거나 전혀 기억하지 못하는 것은 '잊어버리다'로 쓴다. "지나간 일은 다 **잊어버리자**." "그 사람은 이제 **잊어버려라**."

마찬가지로 아주 잃은 것은 '잃어버리다'로 쓴다.

"그 정치인은 국민의 신망을 **잃어버렸다**."

"쉽게 약속하고 번번이 잊어버리는 철수는 끝내 친구를 **잃어버리고** 말았다."

두 낱말의 뜻을 분명히 알고 가려 쓰자.

오늘이 몇 월 며칠이니?

"오늘이 **며칠**이니?"

"대통령 선거가 몇 월 **며칠**이야?"

"**며칠** 앓았더니 몸무게가 줄었네."

"너, **며칠**만이니?"

"이 작업을 **며칠** 동안 해야 하는 거니?"

위의 문장들에서 '며칠'이 맞게 쓰인 문장은 어느 것인가? '몇일' 또는 '몇 일'로 바꿔 써야 할 것 같은 문장이 있는가?

결론을 말하자면, 모든 경우에 '며칠'을 쓰는 것이 맞다. '며칠'은 '며친 날'과 '몇 날'의 의미로 다 쓰인다. '몇일'이나 '몇 일'은 어떤 경우에도 써서는 안 된다.

자세히 설명하자면, 며칠은 '그달의 몇째 되는 날'("오늘이 며칠이니?")과 '몇 날'("며칠 앓았더니 몸무게가 줄었네.")의 뜻으로 두루 쓴다.

다시 말하면 국어에서 '몇일'이나 '몇 일'이라고 표기하는 경우는 없다. '몇 년 몇 월 몇 일'로 적어야 마땅할 듯한 경우에도 **몇 년 몇 월 며칠**로 적어야 한다. 왜냐하면 '몇 일'이 맞다면 발음이 [며딜]로 나야 하는데 [며칠]로 나기 때문에 관형사 '몇'과 명사 '일'이 결합된 형태라고 보기 어려워 어원이 불분명하며, 이 경우 소리 나는 대로 쓰는 것을 표준말의 원칙으로 하기 때문이다.

어찌 되었든 어떤 경우에도 '며칠'만 쓰면 틀림이 없다.

으아~

오늘 **며칠**이지?
며칠 동안 공부만 했더니
날짜를 모르겠네.

우리나라 우리말

우리나라 사람들만큼 '우리'라는 말을 즐겨 쓰는 사람들이 또 있을까?

'우리'는 말하는 이가, 자기와 듣는 이 또는 자기와 듣는 이를 포함한 여러 사람을 가리키는 일인칭 대명사이다. 또 말하는 사람이, 상대방이 자기와 친밀한 관계임을 나타낼 때 쓴다.

"우리 언제 또 만날까?"

"우리끼리니까 하는 말인데"

'우리'는, 좁게는 '너와 나'를 가리키는 두 명에서 넓게는 '우리 민족', '우리 국민'과 같이 수천만의 사람들을 함께 아울러 가리키기도 하여 포괄적으로 쓰이는 말이다.

'우리'를 윗사람 앞에서는 낮춤말로 '저희'를 쓴다.

"저희 집을 찾아주셔서 감사합니다."

"이번 일은 저희끼리 하겠습니다."

그러나 '저희'를 써서는 안 되는 말이 있다. '우리나라'이다. '우리나라'는 우리 한민족이 세운 나라를 스스로 이르는 말이다. 그런데 지나치게 겸손하여 '저희 나라'라고 하는 사람을 본다. 우리나라를 다른 나라 사람 앞에서나 우리나라 사람끼리 낮춤의 표현을 할 이유가 없으므로 이렇게 써서는 안 된다.

또 한 가지, '**우리나라**'는 '우리'와 '나라'가 합성된 한 단어이므로 떼어 쓰지 않고 붙여 써야 한다.

'우리말'과 '우리글'도 '우리나라'와 같은 이유로 붙여 쓴다.

"**우리말**, 바르게 쓰다가 후손에게 잘 물려주자."

"세계에서 **우리글**만큼 과학적이고 독창적인 글은 없다."

먹든지 말든지

"맘에 드시면 **블루던지 레드던지** 하나를 선택해 주세요."

"날씨가 쌀쌀할 **때라던지** 몸매를 가리고 싶을 때 입으면 좋아요."

TV홈쇼핑 판매원들이 흔히 이와 같이 말하는 걸 듣는다. 위의 '−던지'는 모두 잘못된 말들이다. '−든지'로 써야 한다.

'−든지'와 '−던지'는 문법적 기능과 의미가 다르므로 구별해서 써야 한다.

'−든지'는 '어느 것이 선택되어도 차이가 없는 둘 이상의 일을 나열함을 나타내는 보조사'이다. '든'으로도 쓸 수 있다.

"**먹든**(지) **말든**(지) 네 맘대로 해라."

"그는 **학교에서든**(지) **집에서든**(지) 책만 읽는다."

"**걸어서든**(지) **달려서든**(지) 제시간에만 오너라."

"네가 **오든**(지) 내가 **가든**(지) 어쨌든 만나자."

'−던지'는 지난 일에 대한 막연한 의문이 있는 채로 그것을 뒤 절의 사실이나 판단과 관련시키는 데 쓴다.

"그날따라 날씨는 왜 그리 **춥던지**."

"얼마나 **울었던지** 눈이 퉁퉁 부었다."

'던'은 어떤 일이 과거에 중단되었음을 나타낸다.

"길 **가던** 사람이 돌아왔다."

"아까 **읽던** 책을 마저 읽어야지."

아래 문장처럼 '든'과 '던'을 정확히 구분해 쓰자.

"물건을 **팔든 못 팔든** 틀리게 **말하던** 것부터 고쳐 바르게 쓰자."

엉덩이와 궁둥이

사람의 신체 부위를 지칭하는 말을 혹 잘못 쓰고 있지는 않은가 짚어볼 필요가 있다.

머리의 가장 윗부분 숫구멍이 있는 자리가 '정수리'이다. 사물의 제일 꼭 대기를 비유적으로 일컫는 말로 자주 쓰인다.

'관자놀이'는 귀와 눈 사이의 맥박이 뛰는 곳의 명칭이다. 그곳에서 맥박 이 뛸 때 관자(조선시대 남자들의 머리 장식)가 움직인다는 데서 나온 말이다.

겉귀의 드러난 가장자리 부분이 '귓바퀴'이고, 그 아래쪽으로 늘어진 살, 여자들이 귀걸이를 다는 부분은 **귓볼**이 아니라 '**귓불**'이다. '**귓밥**'이라 부 르기도 한다. 귓구멍 속에 낀 때는 **귓밥**이 아니고 '**귀지**'이며 '귀이개'로 파 낸다.

흔히 '**구렛나루**'라고 쓰는 부분의 바른 이름은 '**구레나룻**'이다.

'목젖'은 목구멍의 안쪽에 붙은 살을 가리키는 말이다. 흔히 목젖이라 부 르는, 남자 목의 정면 중앙에 솟아난 부분은 목젖이 아니라 '**울대뼈**'이다.

사람들이 '볼기', '엉덩이', '궁둥이'를 구분하지 않고 쓰는 경우가 많은 데, 볼기는 엉덩이와 궁둥이 전체를 가리키는 말이고, 엉덩이는 볼기의 윗 부분, 앉을 때 바닥에 닿는 아랫부분이 궁둥이이다. 엉덩이와 궁둥이도 잘 구분하여 쓰자.

엄마는 가끔
내 **귓불**을 잡아당기며
귀이개로 **귀지**를
파주신다.

아, 시원해.

앗! 이거 뭐야?

개구장이 친구들이
의자에 붙여 놓은 껌이
철수 **궁둥이**에 붙었다.

성공이닷. 히히

헤헤.

팔심과 부아

언제부터인가 쉬는 시간이면 모여 앉아 팔씨름하는 남학생들의 모습이 자주 눈에 띈다. **팔심**을 겨루는 영화 '챔피언'의 영향인 듯하다.

그런데 팔의 힘을 '팔심'이라 하는데 이게 맞는 말인가 의심하는 사람들이 있다. '팔의 힘'인 '팔힘'이 아니라, 언중의 습관을 따라 '힘'이 '심'으로 변한 '팔심'이 표준말이다.

같은 성격의 말로 '뒷심' '뱃심', '밥심' 등이 있다.

'뒷심'은 '남이 뒤에서 도와주는 힘' 또는 '어떤 일을 끝까지 견디어 내거나 끌고 나가는 힘'을 뜻한다.

　　"나는 **뒷심**이 부족한 게 탈이다."

'뱃심'은 '염치나 두려움이 없이 제 고집대로 버티는 힘' 또는 '마음속에 다지는 속셈'을 뜻한다.

　　"그는 모두가 반대하는데도 **뱃심** 좋게 밀어붙였다."

물론 '밥심'은 '밥을 먹고 생긴 힘'이다.

　　"그 애는 공부도 **밥심**으로 한다."

'부아'는 허파의 우리말이고 분한 마음이라는 뜻도 있다. 흔히 **부아가 난다.**"라고 할 것을 "**부화가 난다.**"라고 하면 틀리다.

'애'는 창자의 우리말이다. 걱정에 싸인 초조한 마음을 뜻하기도 하여 '애를 먹다' '애를 쓰다' '애를 태우다'와 같이 쓰인다.

무릎의 구부러지는 오목한 안쪽 부분은 '오금'이다. 저지른 잘못 때문에 마음을 졸이는 것을 흔히 "오금이 저리다."라고 한다. 몹시 마음이 끌리거나 긴장하여 꼼짝을 못할 때 "오금을 못 펴다."라고 한다.

팔심
팔힘이 세다.

(시합에 져서)
부화가 난다.
부아

우리 선수가 질까봐
오금을 못 폈다.

모두가 애를 태우며
지켜보았다.

눈곱과 쌍꺼풀

"나는 그럴 생각이 **눈곱만큼도** 없다."

그럴 생각이 조금도 없다는 말이다. 우리는 '아주 조금'을 뜻하는 표현을 눈곱에 비유하여 자주 쓰는데, 위와 같이 눈에 끼는 물질은 '*눈꼽*'이 아니라 '**눈곱**'이다.

눈 위를 덮는 살가죽은 '꺼풀'이다. 따라서 '**눈꺼풀**' '**쌍꺼풀**'로 쓴다. '*눈거풀*', '*눈가풀*', '*쌍가풀*' 등은 틀린 표기이다.

'눈살'은 두 눈 사이에 잡힌 주름이며, '*눈쌀*'로 쓰면 안 된다. '**눈살을 펴다**.' '**눈살을 찌푸리다**.'와 같이 쓴다.

'눈꼴'은 주로 무엇을 부정하는 뜻으로 볼 때의 눈을 뜻한다. '눈꼴사납다'는 '보기에 몹시 거슬리거나 아니꼽다'의 뜻이고, '눈꼴이 시다'는 '하는 짓이 거슬리어 보기에 아니꼽다'는 뜻이다. 또, '눈꼴이 틀리다'는 '불쾌감이 들 정도로 보기가 싫어지다'이다.

'눈독'은 욕심을 내어 눈여겨보는 것을 비유하는 말로 쓰이며, '눈독 들다' '눈독 들이다'와 같이 쓴다.

'눈썰미'는 한두 번 보고도 곧 그대로 할 수 있는 재주를 가리키는 말이다.

"기계 다루는 데 남달리 눈썰미가 있던 그는 쉽게 운전을 배웠다."

지난 날 피의자로 불려온 전 청와대 실세 "우○○가 기자에게 눈으로 레이저를 쏘았다."는 보도를 본 적이 있는데, 이 말은 기자에게 '눈총을 주었다'는 말이다. '눈총'은 '눈에 독기를 올려 쏘아보는 시선'을 뜻한다.

우리 똘이 **눈곱**이 끼었네.
형아가 닦아 줄게.

가려움과 간지러움

'가렵다'와 '간지럽다'도 비슷하게 생겨서인지 잘 가려 쓰지 못하는 사람들이 있다.

'가렵다'는 '피부가 근질근질하여 긁고 싶은 느낌이 있다.'의 뜻이다.

"종기가 나서 등이 몹시 **가렵다**."

"그는 무좀 난 발이 **가려운지** 자꾸 긁어댄다."

가려운 데는 긁으면 좀 시원하다.

'간지럽다'는 '무엇이 살에 닿아 가볍게 스칠 때 몸이 옹송그려지면서 견디기 어렵다.'의 뜻이다.

"솜털이 팔에 닿아 무척 **간지럽다**."

'간질이다'는 '간지럽게 하다'로, "동생이 내 겨드랑이를 간질였다."로 쓰인다. '간지르다'는 틀린 말이다. '간지럽히다'도 '간질이다'와 같은 뜻의 표준말이다.

간지러운 느낌을 '간지럼'이라 하고, "간지럼을 타다."와 같이 쓴다. '간질거리다'는 '간지러운 느낌이 자주 나다', "머리카락이 옷 속에 들어가 자꾸 간질거려", 계면쩍거나 부끄러운 것을 말할 때 '낯간지러운 짓', '듣기에 간지러운 말' 등으로 표현하기도 한다.

간지러운 것은 간지럽게 만드는 물질을 치우면 더 이상 간지럽지 않다. 가려운 발은 시원하게 긁고, 목을 간질이는 털옷은 얼른 벗으면 된다.

가리키다, 가르치다

비슷하게 생겨서 혼동하는 말 중에 '가리키다'와 '가르치다'가 있다.

'가리키다'는 '어떤 방향이나 대상을 손짓으로 알리다.'의 뜻이다.
"모두들 그를 **가리켜** 천재라 하였다."
"그는 손가락으로 높은 건물을 **가리켰다.**"
"시곗바늘이 이미 오후 일곱 시를 **가리키고** 있었다."
"맞은편에 있는 의자를 **가리키며** 그에게 앉기를 권했다."

'가르치다'는 '지식이나 기술 따위를 알려 주다.' '그릇된 버릇 따위를 고쳐 바로잡아 주다.' '상대편이 아직 모르는 일을 알도록 일러주다.' '사람의 도리나 바른길을 일깨우다.' 등의 여러 뜻으로 쓰인다.
"저분은 국어를 **가르치는** 선생님이시다."
"그는 그녀에게 운전을 **가르쳤다.**"
"이번 기회에 아이의 버릇을 제대로 **가르칠** 작정입니다."
"작가는 독자에게 범인이 누구인지를 끝까지 **가르쳐** 주지 않았다."
"자식을 **가르치는** 일이 가장 중요하다."와 같이 쓴다.

두 말을 합쳐 *'가르키다'*로 쓰는 사람이 있는데 이는 우리말에 없는 말, 틀린 말이다.
이제부터라도 바르게 쓰자. 아이들이 듣고 따라 쓴다.

윗사람과 웃어른

'윗사람'과 '웃사람', '윗어른'과 '웃어른' 가운데 어느 것이 맞는 말일까? 정답은 '윗사람'과 '웃어른'이다.

우리말에서 단어 앞에 '윗'이나 '위'가 붙은 말이 있고 '웃'이 붙은 말이 있다. 종종 혼동되기도 하지만 원칙만 알면 헷갈리지 않고 잘 쓸 수 있다.

위와 아래의 대립이 있는 명사 앞에 붙을 때는 '윗'을 쓴다. **'윗눈썹**과 아랫눈썹, **윗동네**와 아랫동네, **윗방**과 아랫방, **윗입술**과 아랫입술, **윗집**과 아랫집, **윗물**과 아랫물, **윗사람**과 아랫사람' 등

단, 거센소리나 된소리로 시작되는 말 앞에서는 **'위쪽' '위채' '위층'**처럼 '위'로 쓴다.

그럼 '웃'은 어느 경우에 쓸까? '위'의 뜻을 가지고 있으나, 위와 아래의 대립이 없는 단어는 '웃'으로 쓴다.

'아랫어른'이라는 말이 없으므로 '윗어른'이 아니라 **'웃어른'**이다. 본래의 값에 덧붙이는 돈을 **'웃돈'**이라 한다.

"형이 이삿짐을 나른 아저씨들에게 고맙다며 웃돈을 얹어 주었다."

'웃풍'도 있다. '웃풍'은 겨울에 방 안의 천장이나 벽 사이로 스며들어 오는 찬 기운을 뜻한다.

'윗옷'과 '웃옷'은 서로 다른 옷이다. '윗옷'은 몸의 위쪽에 입는 옷(상의)를, '웃옷'은 겉옷을 뜻한다.

하나 더, **'윗사람'**은 손위가 되는 사람, 또는 자기보다 지위가 높은 사람을 일컫는 말이고, **'웃어른'**은 나이나 지위, 신분, 항렬 등이 자기보다 높아 직접 또는 간접으로 모시는 어른을 뜻한다. 의미에 차이가 있다.

공자와 시진핑

다른 나라의 사람 이름이나 땅 이름과 같은 고유명사를 적을 때는 현지음을 존중하는 것을 원칙으로 한다.

그런데 같은 한자문화권에 있던 중국과 일본의 고유명사의 표기는 알아두어야 할 부분이 있다.

과거에는 한자로 적힌 중국과 일본의 사람 이름, 땅 이름을 우리 한자음으로 읽는 것이 오랜 관습이었다. 책을 비롯한 모든 글에서 '북경(北京)', '동경(東京)', '모택동(毛澤東)', '등소평(鄧小平)', '풍신수길(豐臣秀吉)', '이등박문(伊藤博文)'과 같이 표기했었다.

우리나라와 중국, 일본은 한자로 쓰인 고유명사들을 각기 자기네 방식의 한자음으로 읽어 그 발음은 세 나라가 다 달랐다.

오늘날에는 외래어 표기법의 원칙에 맞추어 원어의 발음을 따라 일본의 고유명사는 '도쿄', '도요토미 히데요시', '이토 히로부미', '아베 신조' 등과 같이 적는다.

중국의 인명은 1911년 신해혁명을 기준으로 고대인과 현대인으로 구분하여 표기하는 것을 원칙으로 정하였다.

중국 고대인은 우리 한자음으로 읽는 관용이 널리 쓰여 왔으므로, '공자, 맹자, 제갈량, 조자룡' 등 예전대로 표기한다.

그러나 현대인은 중국어 발음에 맞추어 표기한다. 필요할 경우 한자를 함께 표기하기도 한다. '시진핑(習近平)', '장쯔이(章子怡)', '마오쩌둥(毛澤東)', '후진타오(胡錦濤)' 등

원어민의 발음과는 다소 차이가 있겠지만 외래어 표기법 기준에 따라서 표기해야 혼란이 없겠다.

공자와 시진핑

꽃봉오리와 산봉우리

'봉오리'와 '봉우리'는 흔히 엇바꾸어 잘못 쓰는 말이다. '꽃봉오리'와 '산봉우리'가 맞는 말이다.

'봉오리'는 망울만 맺히고 아직 피지 아니한 꽃을 일컫는다. 희망에 가득 차고 장래가 기대되는 젊은 세대를 비유적으로 일컫기도 한다.

"활짝 핀 꽃보다 **꽃봉오리**가 더 신비롭다."

"어린 **꽃봉오리**를 함부로 건드려서는 안 된다."

"어린이는 이 나라를 이끌어 갈 **꽃봉오리**이며 기둥이다."

"그녀는 인생의 **꽃봉오리**를 드디어 피어 올리기 시작했다."

봉우리 또는 산봉우리는 산에서 뾰족하게 높이 솟은 부분을 가리키는 말인데, 비유적인 의미로도 쓰인다.

"나는 매일 우리 동네 **뒷산 봉우리**까지 뛰어갔다 온다."

"**산봉우리**에 올라 크게 한번 외쳐보자."

"정약용은 우리나라 실학의 가장 높은 **산봉우리**였다."

낱말의 뜻을 정확히 알고 바른 언어생활을 하자. '산봉우리'를 '산봉오리'라 하면 교양을 의심 받는다.

산봉우리

어린이는
자라나는
꽃봉오리

곱빼기와 뚝배기

"철수는 늘 짜장면 **곱빼기**(곱빼기)를 먹는다."

여기에서 짜장면 '곱빼기'가 맞을까, 아니면 '곱배기'가 맞을까? '곱빼기'가 맞다.

자주 쓰면서도 헷갈리기 쉬운 말이 '곱빼기, 뚝배기, 언덕배기' 등 '-배기'나 '-빼기'가 붙은 말이다. 맞춤법의 원칙을 보면,

첫째, 발음이 '배기'로 나는 경우는 무조건 '-배기'로 적는다. **나이배기, 귀퉁배기** 등이 있다. '나이배기'는 겉보기보다 나이가 많은 사람을 낮잡아 이르는 말이고, '귀퉁배기'는 '귀퉁이'를 낮잡아 이르는 말이다.

둘째, 한 형태소 내부에서, '-배기/빼기' 앞말의 끝음이 'ㄱ, ㅂ'이고 '빼기'로 발음이 나면, '-배기'로 적는다. **뚝배기**

셋째, 다른 형태소 뒤에서 '빼기'로 발음이 나면 '-빼기'로 적는다. '곱빼기'의 '곱'은 독립적인 의미를 가진 형태소이다. 따라서 **곱빼기**로 적는다. **코빼기**도 마찬가지다.

또, '-박이'와 '-배기'도 구분해서 쓰는 것이 어렵다. '박다'의 의미가 남아 있는 것은 **차돌박이, 오이소박이, 점박이, 금니박이, 붙박이**와 같이 '-박이'를 쓴다.

'박다'의 의미에서 멀어진 것은 **나이배기, 열 살배기, 두 살배기, 알배기**와 같이 '-배기'를 쓴다.

원칙을 익혀 바르게 쓰려는 노력과 습관이 필요하다.

곱빼기

자장면 **곱빼기**에 뚝배기 국밥

열 살배기가 저걸 다 먹는다고?

쟤 보기보다 **나이배기**야.
다 먹을 거야.

똑같다, 꼭 맞다

'똑같다'와 '꼭같다'는 같은 말이 아니다. 그런데도 '똑같다'를 쓸 자리에 '꼭같다'를 쓰는 것을 종종 본다. '꼭같다'는 틀린 말, 우리말에 없는 말이다.

'꼭'은 '어김이나 빈틈없이', '어떤 일이 있어도 틀림없이' '아주 잘'의 의미를 가진 부사이다. '꼭' 뒤에는 동사가 오는데 띄어 쓴다.

"마음에 **꼭 맞는** 친구를 만났다."

"이번엔 **꼭 해내고** 말 거야."

"오늘은 **꼭 갈게.**"

'똑같다'는 '조금도 틀림없이'의 뜻을 가진 '똑'과 '같다'가 합성된 형용사로서 붙여 쓴다.

"너 하는 짓이 어릴 적 네 형과 **똑같구나.**"

"**똑같은** 방법으로는 다른 결과를 얻을 수 없다."

"**똑같이** 생긴 쌍둥이라도 생각은 각기 다르다."

'똑'이 '같다' 외에 다른 형용사와 어울릴 때는 부사로서 뒤에 오는 형용사를 꾸민다.

"오늘 날씨가 들놀이 가기에 **똑 알맞다.**"

"하는 짓이나 말투가 제 아비와 **똑 닮았구나.**"

'똑'과 '같다' 사이에 다른 말이 낄 때는 띄어 쓴다.

"아버지가 화를 내실 때는 **똑** 호랑이 **같으시다.**"

"폭죽 소리가 **똑** 천둥소리 **같았다.**"

어떻게, 어떡해

나 **어떡해**, 너 갑자기 가 버리면

나 **어떻게** 너를 잃고 살아갈까.

나 **어떡해**, 나를 두고 떠나가면

정말 안 돼, 정말 안 돼, 가지 마라.(산울림, 나 어떡해)

대중가요 〈나 어떡해〉라는 노래 앞부분이다. 원 가사에는 짙은 글씨 부분이 모두 '어떡해'로 나와 있지만 문맥을 볼 때 둘째 행은 '어떻게'가 쓰여야 맞겠다.

그러면 '어떻게'와 '어떡해'는 어디에 어떻게 써야 맞는 걸까?

'어떻게'는 '어떠하게'의 준말로 뒤에 오는 동사를 꾸미는 부사어로 쓴다.

"그 다음엔 **어떻게** 하면 되지?"

"요즘 **어떻게** 지내십니까?"

"**어떻게** 된 거냐?"

'어떡해'는 '어떻게 해'의 준말이다.

"나는 **어떡하라고**(어떻게 하라고)?"

"오늘도 안 오면 **어떡해**(어떻게 해)?"

"**어떡하면**(어떻게 하면) 좋아."

"그는 **어떡하든**(어떻게 하든) 살아보려고 안 해 본 일이 없다."

'어떻게'와 '어떡해' 이 둘은 그 의미와 쓰임이 다르다. 제대로 익혀 두면 바르게 쓸 수 있다.

김치를 담그다

우리가 매일 먹는 김치는 손이 많이 가고 담그는 데 시간이 꽤 걸리는 음식이다. 담그는 사람의 솜씨나 정성에 따라 맛에 차이가 나기도 한다.

흔히 "**김치를 담궜다.**"라고 하는데 이것은 틀린 말이다. '담구다'가 아닌 '담그다'가 맞는 말이며, "**김치를 담갔다.**"라고 해야 한다.

우리는 김치 외에 장을 담그고, 술을 담그고, 젓갈도 담가 먹는다. 뿐만 아니라, 냇물에 발을 담그고, 빨래를 물에 담가 놓았다가 빤다. 볍씨도 물에 담갔다가 모판에 넣어 싹이 나면 모내기를 한다.

'담구다'는 사전에 없는 말이다.

"문을 잠그다."에서 '잠그다'의 쓰임도 마찬가지다.

"문을 **잠가라.**"

"현관문 **잠그는** 장치를 바꿨다."

"수도꼭지가 낡아 꼭 **잠가지지** 않는다."

와 같이 쓴다.

문을 '**잠궈라, 잠구는, 잠궈지지**'와 같이 쓰면 틀린 말이 된다. '잠구다'도 사전에 없는 말이다.

영어 발음에만 힘을 쓸 것이 아니라 먼저 우리말 발음을 바르게 하자. 발음이 정확해야 바르게 쓸 수 있다.

냇물에 발을 **담그다**.

수도꼭지를 꼭 **잠가야지**.

문 잘 **잠그고** 있으렴.

네 염려하지 마세요.

안치다, 앉히다

예전에는 명절이나 잔치가 있을 때 집에서 떡을 했다. 물을 넣은 솥 위에 떡시루를 올려놓고 쌀가루에 콩이나 팥을 켜켜이 **안치고** 아주 오랫동안 불을 땠다. 맛있는 냄새가 솔솔 풍겨도 엄마는 떡이 다 되었다는 말을 안 하셨다. 먹고 싶은 마음에 부엌을 계속 들여다보다가 지칠 때쯤 되어서야 자욱한 김 사이로 떡이 그 황홀한 모습을 드러내던 기억이 있다.

누군가 "쌀을 씻어서 *밥을 앉혔다.*"라고 쓴 것을 보고 한참 웃은 적이 있다. 의외로 이렇게 쓰는 사람들이 꽤 있다.

밥은 어디에 앉을 수 있는 게 아니어서 어디에 앉힐 수 없다. 밥은 솥에 '앉히는' 것이 아니라, '안치는' 것이다. '안치다'는 '끓이거나 찔 물건을 솥이나 시루에 넣다'의 뜻이다.

"쌀을 씻어 새로 사온 **밥솥에 안쳤다.**"

"시루에 **팥떡을 안치고** 불을 때기 시작했다."

"엄마는 솥에 **고구마를 안치셨다.**"와 같이 쓴다.

'안치다'와 발음이 같은 '앉히다'는 '앉다'의 사동형으로 '앉게 하다'의 뜻이다.

"그녀는 아이를 **무릎에 앉혔다.**"

"사장이 자기 아들을 부장 **자리에 앉혔다.**"

지금은 안쳐 놓은 떡이 익기를 기다릴 필요가 없는 세상이 되었다. 떡집이나 마트에서 떡을 얼마든지 손쉽게 살 수 있다. 그런데도 그 옛날 애태우며 기다리던 그 시루떡이 가끔 그립다.

안쳐 놓은 떡을 기다림…

동생을 뒤에 **앉히다.**

너에게 들를게

"집에 가는 길에 너에게 잠깐 (들릴게 / 들를게 / 들릴께 / 들를께)." 이 네 개의 서술어 가운데 어느 것이 맞는 표기일까? 정답은 '**들를게**'이다.

'지나가는 길에 잠깐 들어가 머무는 것'을 뜻하는 단어는 '들리다'가 아니라 '들르다'이다.

"저쪽 문구사에 잠깐 **들렀다** 가자."

"오랜만에 꽃집에 **들르니** 이름 모를 새로운 꽃들이 많이 진열되어 있었다."

와 같이 쓴다.

'들리다'는 전혀 다른 의미를 가진 말이다.

"감기가 **들리다.**"

"어디서 신나는 음악 소리가 **들린다.**

"무거운 상자가 그의 손에 번쩍 **들렸다.**"

"그 사람은 신이 **들렸다고** 한다."

와 같이 '들리다'는 '듣다'의 피동형을 비롯하여 여러 개의 동음이의어와 다의어로 쓰인다.

또 '-ㄹ께'가 아니고 '-ㄹ게'가 맞다. '-ㄹ게'는 모음으로 끝나는 동사의 어간에 붙어, 자기가 어떻게 할 뜻을 약속함을 나타낸다. 발음은 '께'로 나지만, "내가 말할게." "이제 그만 갈게."와 같이 쓴다. "내가 **할걸.**", "그냥 **갈걸.**"에 쓰인 종결어미도 '-ㄹ껄'이 아니고 '-ㄹ걸'이다.

외국어를 유창하게 구사하는 것에 앞서, 바르고 고운 우리 말글을 쓰는 것이 교양 있는 국민일 것이다.

양복쟁이와 양복장이

약 백 년 전쯤 우리 전통사회에 서양의 문물이 들어오기 시작하면서 간혹 양복 입은 사람이 눈에 띄면 사람들이 그를 '양복쟁이'라 불렀다. '양복 입은 사람'이란 뜻이다. 지금은 양복 입은 사람이 흔하니, 전처럼 특정인을 가리키는 말로 쓸 수 없어서인지 이 말이 자주 쓰이지 않는다.

'양복쟁이'와 비슷하게 생긴 '양복장이'는 양복 짓는 일을 업으로 하는 사람을 뜻하는 말이다.

이와 같이 사람을 가리키는 말 가운데, 명사 뒤에 '-장이'와 '-쟁이'가 붙은 말들이 있다. 이 둘은 비슷하게 생겼으나, 의미에 차이가 있다.

'-장이'가 붙은 말은 그 기술을 가진 사람을 일컫는 말로서, **양복장이** 외에도 **대장장이, 옹기장이, 석수장이, 땜장이, 간판장이, 유기장이** 등이 있는데, 그 일을 하는 사람이 없어지면 그 이름들도 점차 쓰이지 않게 됨을 알 수 있다.

'-쟁이'는 그 행동을 잘하거나 그 특성 따위를 가진 사람을 낮잡아 일컬을 때 붙여 쓴다. '**겁쟁이, 거짓말쟁이, 고집쟁이, 무식쟁이, 변덕쟁이, 욕쟁이, 멋쟁이, 관상쟁이, 중매쟁이, 떼쟁이**' 등이 있다.

'-장이'와 '-쟁이'를 구별해서 잘 써야 의미 전달에 혼란이 없다.

학교를 졸업하고
나도 **양복쟁이**가 되었다.

양복장이

두껍다, 두텁다

"그는 **두꺼운**(두터운) 지지층을 믿고 선거에 뛰어들었다."

"**두꺼운**(두터운) 신앙심을 가진 그는 늘 기도를 드린다."

'두껍다'와 '두텁다'도 어느 쪽을 써야 할 지 헷갈리는 말이다.

'두껍다'는 첫째, '사물이나 물건 등의 두께가 보통의 정도보다 더 크다.'의 뜻으로,

"그 아이는 **두꺼운 책**을 받아 들고 당황했다."

"그렇게 뻔뻔하게 말하다니. **얼굴이 참 두껍구나.**"

둘째, '안개나 어둠 그늘 따위가 짙다.'의 뜻으로,

"**안개가 두껍게** 끼어 시야가 막혔다."

셋째, '층을 이루는 사물의 높이나 집단의 규모가 보통의 정도보다 크다.'의 뜻으로는

"재래시장은 생각보다 **고객층이 두꺼워** 명절에는 발 디딜 틈이 없다."

와 같이 쓴다.

'두텁다'는 '신의, 믿음, 관계, 인정 따위가 굳고 깊다.'의 뜻이다.

"두 사람의 **우정이 매우 두터워** 무엇으로도 가를 수 없다."

"성실한 그에 대한 사람들의 **신망이 두텁다.**"

'두껍다'는 주로 사물의 두께나 규모가 클 때 쓰며 '얇다'의 반대말이다. 그에 비해 '두텁다'는 사람 사이에 오가는 마음의 깊이가 큼을 나타낼 때 쓴다.

따라서 처음의 예문은

'**두꺼운** 지지층'과 '**두터운** 신앙심'으로 써야 한다.

그런 짓을 하고도
저렇게 고개를 들고 다니다니
얼굴이 **두꺼운** 사람이야.

저 세 사람은
국경을 넘어서
두터운 우정을 나눈대.

오늘은 왠지

20년쯤 전인가, 당시 잘 나가던 개그맨 서 아무개가 진행하던 라디오 프로그램에 '오늘은 왠지' 코너가 있었다. "오늘은 왠지 OO하고 싶어라."의 형식으로 진행자가 먼저 시작을 하면 청취자들도 그와 같이 말 짓기를 하여 참여하는 진행방식이었는데, 지금 생각해도 그냥 웃기는 말장난이었다.

'왠지'는 이유나 원인을 물어볼 때 쓰는 '왜'에 '-인지'가 결합한 '왜인지'가 줄어든 말로, '왜 그런지 모르게, 뚜렷한 이유도 없이'의 뜻이다.

"그의 얼굴을 보자 **왠지** 좋은 일이 있는 것 같았다."

"늘 보던 사람인데 오늘따라 **왠지** 멋있어 보인다."

그런데, 왠지를 '웬지'로 잘못 표기하는 경우를 종종 본다. '웬지'라는 말은 없다.

'웬'은 '어떠한, 어찌 된'의 뜻을 가진 관형사이다.

"이게 **웬** 떡이니?" "**웬** 물건이지?"

"**웬** 이상한 사람이 너를 찾더라."

'웬'이 붙은 합성어로는 '웬걸', '웬일'이 있다. '웬걸'은 '웬 것을'의 준말로, '어떻게 그렇게 될 수가 있나' 하는 뜻이다.

"**웬걸**, 그랬을라고." "**웬걸**요."

'웬일'은 '어찌된 일, 어떻게 된 일'을 나타내는 단어이다.

"**웬일**이니?" "**웬일**인지 그가 오늘 보이지 않는다."와 같이 쓴다.

'오늘은 왠지'가 한창 유행하던 당시, 진행자를 따라서 참여 청취자 모두 '왠지'가 아니라 과장되게 '우웬지(웬지)'로 발음하고 있었다. 말은 이렇게 해서 어지러워진다.

거친 벌판으로 달려가자

*거칠*은 벌판으로 달려가자. 젊음의 태양을 마시자. 보석보다 찬란한 무지개가 살고 있는 저 언덕 너머 내일의 희망이 우리를 부른다. (김수철, 젊은 그대)

대중가요의 가사이다. 대중가요는 말 그대로 대중이 듣고 부르며 즐기는 노래이다. 이 노래 역시 한때 대중이 즐겨 부르던 노래였다.

〈젊은 그대〉는 젊은이들에게 나태한 삶을 버리고 미래를 향해 희망차게 나아가자는 내용이다. 문제는 가사 첫 어절 '거칠은'이 틀린 말이라는 점이다.

'거칠다'를 관형사형으로 쓰려면 '**거친**'으로 써야 맞다. 어간 끝에 'ㄹ'받침을 가진 동사나 형용사는 'ㄹ'이 다른 어미 앞에서는 나타나다가 'ㄴ,ㅂ, ㅅ,오' 앞에서는 규칙적으로 탈락된다. '거칠다. 거칠고, 거칠면, 거칠어/ 거치니, 거친, 거치오, 거칩니다.'

이와 같은 'ㄹ'규칙 형용사는 '길다, 낯설다, 달다, 멀다, 어질다, 둥글다, 영글다' 등과, 동사로 '살다, 놀다, 졸다, 날다, 말다, 풀다, 갈다' 등이 있다.

"과거의 죄는 **긴**(길은) 그림자를 남긴다."

"**낯선**(낯설은) **사람이 집 안을 기웃거린다.**"

"가을엔 탐스러운 사과가 **영그오**(영글으오)."

"**나는**(날으는) 새도 떨어뜨린다."

"열 문제를 **푸시오**(풀으시오)."

"전구를 새 것으로 **가니**(갈으니) 방이 환하다."

방송에서의 말이나 노래가 한 순간에 퍼져나가 대중의 머릿속에 그대로 박혀 버린다. 방송은 우리말에 대한 책임의식을 가져야 한다.

나는
하늘을 날으는 새

거친
거칠은 벌판으로
달려가자. 준비됐지?

응.

돼, 안 돼

흔히 "그러면 돼, 안 돼?"가 맞을까, "되, 안 되?"가 맞을까 갸우뚱할 때가 있다. "저 숙제해야 되요." 이렇게 쓰는 건 맞을까?

"**돼**, 안 **돼**?", "저 숙제해야 **돼요**."가 맞는 말이다.

용언의 어간 뒤에는 '-어'와 같은 어미가 연결되어야 문장성분으로 쓰일 수 있다. '먹다'를 예를 들면, "먹, 안 먹?" "먹요."로 쓰지 못하는 것처럼 "되, 안 되?"나 "되요."는 쓸 수 없다.

동사 '되다'는 어간 '되-' 뒤에 자음으로 시작하는 어미가 오면 '되다, 되고, 되지, 되니'와 같이 쓰이고, 모음으로 시작하는 어미가 연결되면 '되어, 되어요, 되었다, 되어서'가 되는데 보통 이것을 줄여서 '돼, 돼요, 됐다, 돼서'의 준말 형태로 쓰는 것을 표준어로 삼고 있다.

> "아이가 자라서 어른이 **되고** 소녀가 자라서 어머니가 **된다**."
> "네가 그러면 **되니**?"
> "이렇게 하면 **되겠지**?"
> "그러면 안 **돼**(되어)."
> "여름이 되면 푸른 바다와 숲을 떠올리게 **돼요**(되어요)."
> "내일 여행을 가게 **돼서**(되어서) 약속을 미루었다."
> "정직한 사람이 **돼라**(되어라)."

인용문의 경우는 좀 더 주의가 필요하다.

> "선생님께서 성실한 사람이 **되라고** 하셨다."(간접인용)
> "선생님께서 '성실한 사람이 **돼라**(되어라).'라고 하셨다."(직접인용)

말의 규칙성을 이해하면 바르게 쓸 수 있다.

형은 **되고** 난 왜 **안 돼**?

저거…

귀고리와 귀걸이

"여자가 귀걸이를 하면 두 배 예뻐 보이고, 화장을 하면 열 배 예뻐 보인다."라는 말이 있다. 누구는 '귀걸이'라고 하고, 누구는 '귀고리'라 부른다. 어느 쪽이 맞을까?

'귀고리'는 '귀'와 '고리'의 합성어로 '귀에 다는 고리', 즉 귓불에 매다는 장식용 고리를 말한다. 신라나 백제 등 옛 선조들의 유물을 보면 이환(耳環), 이식(耳飾)이라 하여, 여자들뿐만이 아니라 남자들도 온갖 귀금속 귀고리로 치장했다는 것을 알 수 있다. 하긴 요즘도 남자들이 귀에 고리를 매달고 다니는 것을 종종 본다.

'귀걸이'는 '귀'와 '걸이'가 합쳐진, '귀에 거는 것'이라는 뜻의 복합어이다. '걸이'는 '걸다'의 어간 '걸-'에 접미사 '-이'가 붙어 '거는 것'이라는 명사가 된 말이다.

그런데 귀에 거는 것이 여러 종류여서인지 '귀걸이'는 다의어로 아래 세 가지의 뜻으로 쓰인다.

하나, 방한용으로 귀가 시리지 않도록 귀를 덮는, 털이나 가죽 따위로 만든 물건을 가리킨다. '귀마개' 또는 '귀막이'라고도 한다.

둘, '귀걸이안경'을 줄여서 그냥 '귀걸이'라고 부르기도 한다. 안경이야 당연히 귀에 거는 것 아니냐 할 테지만, 귀걸이안경이라 함은 과거 안경이 보급되던 초기에 안경다리 대신 실에 꿰어서 귀에 걸던 안경을 지칭했다.

셋, 귀에 거는 장식용 물건으로 '귀고리'와 같은 의미로 쓴다.

따라서 귀에 다는 장식용구를 부르는 말로 **'귀고리'**와 **'귀걸이'** 둘 다 쓸 수 있지만 뜻을 알고 쓰는 것이 좋겠다.

귀고리
귀걸이

귀걸이안경

귀걸이

육개장과 닭개장

올 여름도 작년에 이어 무척 더울 것이라고 한다. 이런 계절에는 시원한 막국수나 냉면을 자주 찾게 된다. 그런데 우리 민족은 무더울 때 차가운 음식을 먹기보다는 오히려 이열치열(以熱治熱)이라고 하여 뜨거운 국물로 냉해진 뱃속을 데우고 원기를 되찾게 해 줄 음식을 먹어왔다.

여름철에 보신(保身)해 줄 음식으로 흔히 찾는 것이 삼계탕이겠으나 육개장과 닭개장도 많이 먹는다.

육개장은 소고기에 갖은 양념을 하여 얼큰하게 끓인 국이다. 원래 개고기를 고아 끓인 국을 개장 또는 개장국이라 하는데, 개고기 대신 소고기를 넣어 개장처럼 끓인 것이 육개장이다. '개장' 앞에 소고기를 뜻하는 '육(肉)'을 덧붙여 **육개장**이라 부르게 되었다.

쇠고기의 양지머리를 삶아 찢고 데친 파와 고춧가루, 그리고 지방에 따라 숙주, 부추, 토란대, 고사리 등의 채소를 육수에 넣어 끓이면 고른 영양과 깊은 맛을 지닌 좋은 보양식이 된다. 육개장은 전통적으로 한여름 지친 몸에 기운을 북돋우는 대표적인 자양강장식이다.

흔히 육개장을 '육계장'으로 잘못 표기하는 사람들이 있는데, 육개장에 들어가는 고기를 닭으로 오해하고 '닭 계(鷄)'로 쓰는 것이 아닌가 한다.

닭고기를 넣어 육개장처럼 끓인 음식은 **닭개장**이다. 닭개장은 '닭'과 '개장'이 결합한 말이다. 이것을 '닭계장'으로 잘못 쓰는 것은 육계장의 경우와 같은 이유일 것이다.

어원과 뜻을 알고 바른 말을 사용하며 좋은 음식으로 여름을 건강하게 지냈으면 한다.

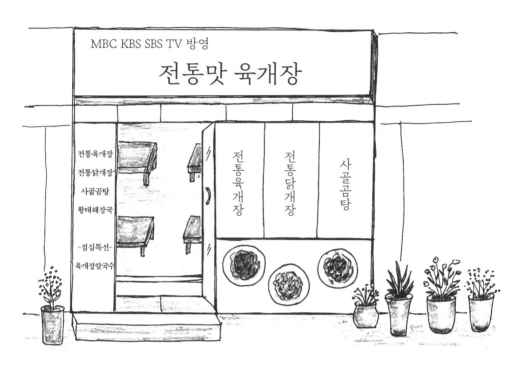

어서 오십시오

유명한 리조트를 찾아가는 길이었다. 산길로 접어드니 찾아오는 손님들이 쉽게 알아볼 수 있도록 안내 표지판이 세워져 있었다.

"어서 **오십시요** 환영합니다. ○○○○리조트"

산모퉁이를 돌 때마다 표지판은 한결같이 "어서 오십시요."라고 말하고 있었다. 열 개 가까운 표지판에 같은 글을 써 붙이면서 그 표기가 혹 틀리지는 않은지 한 번도 의심해 보지 않았을까? 아니 써 붙인 후에라도 그것을 지적한 사람이 없었을까?

'오십시요'는 틀린 표기이다. '**오십시오**'라고 써야 맞다. 모음으로 끝나는 어간에 붙어 높임을 나타내는 말로는 '-오'를 쓴다. '오시오' '가시오' '오십시오' '가십시오'와 같이 '-하시오' '-하십시오'로 써야 한다.

이것을 친근한 말투(비격식체)로 표현하면, "집으로 가셔요(가시어요/가세요)." "어서 오셔요(오시어요/오세요)."이다.

또 상가 출입문에서 흔히 볼 수 있는 '미시요' '여시요' '당기시요'도 역시 '미시오' '여시오' '당기시오'로 써야 맞다.

'-요'를 높임말로 붙여 쓰는 것은 "좋아요." "없어요." "왜요?"와 같이 문장이 끝나는 종결 어미 뒤에 붙여 쓰는 경우이다.

리조트에서 돌아오는 길에 또 다시 웃지 않을 수 없었다. 올 때 본 팻말 뒷면에 일관성 있게 "**안녕히 가십시요**"라고 공손히 적혀 있었다.

나는 리조트에 전화를 걸어 "**어서 오십시오**." "**안녕히 가십시오**."로 써야 맞다고 공손하게 바로잡아 주었다.

동그라미표와 가위표

"*맞은 답은 O , 틀린 답은 X로 표시하시오.*"

'O, X 문제'이다. 이때 'O'와 'X'를 각각 무엇이라 부를까? 영어 철자 모양과 같다고 해서 보통 '오, 엑스'라고 부르는데, 이건 생각해 볼 문제이다. 'O'는 영어 철자와 관계가 없이, 단지 '맞다'는 것을 표시하는 동그라미 모양일 뿐이다. 'X'도 마찬가지로 영어 글자와 상관없는, 단지 '틀리다'는 표시일 뿐이다. 일종의 상징이다. 이것을 생각 없이 '오, 엑스'라고 부르는 것은 바르지 않다.

또 'O'를 숫자 '0'으로 보아, '영' 또는 '영표'라 하는 것도 마땅하지 않다. 수학에서 사용하는 zero의 의미인 '0'과 맞다는 의미인 동그라미와는 전혀 상관이 없다.

'O'표를 어떻게 읽어야 할까? **동그라미표**로 읽는 것이 가장 적합하다. 그냥 동그란 표시이기 때문이다. 그러면 'X'는 어떻게 읽을까? '엑스표'가 맞지 않다는 것은 모두 눈치챘을 것이다. '곱셈표' 역시 곱하기의 뜻으로 쓰인 것이 아니므로 적합하지 않다. 과거에 어른들이 '가께표'라고 하는 것을 들은 적이 있는데, '가께'는 '곱하기'를 뜻하는 일본말이다. 다행히도 요즘엔 이 말을 쓰는 사람이 없는 것 같다.

국어사전에는 '**X**'의 이름이 '**가새표, 가위표**'로 등재되어 있다. '가새'는 '사각형으로 짠 뼈대의 변형을 막기 위하여 대각선 방향으로 빗댄, 쇠나 나무로 만든 막대'를 가리키는데 이것의 모양이 'X' 모양이어서, 'X'를 '가새표'라 이름붙인 것이다. '가새'를 '가위'의 사투리로 오해하면 안 된다. '가위표' 역시 그 모양과 비슷하여 붙여진 이름일 터이다.

이제부터는 이렇게 쓰자.

"맞은 답은 동그라미, 틀린 답은 가새(가위)로 표시하시오."

동그라미표   가위표   가새표

↑   ↖   ↗

오(O)   엑스(X)

동쪽에서 서쪽까지

우리는 모르는 사이에 영어 번역체의 말을 자주 쓴다. 그 한 예가 '-로부터'이다.

"*동쪽으로부터* 서쪽까지"

"*부산으로부터* 서울까지 얼마나 걸리니?"

"그는 *과거로부터의* 기억에 시달리고 있다."

"나는 지금 *학교로부터* 돌아오는 길이다."

"영희는 *친구로부터* 예쁜 선물을 받았다."

"*아버지로부터* 전화가 왔다."

"지금 *라디오로부터* 내가 좋아하는 노래가 흘러나오고 있다."

'-로부터'는 영어 'from'을 우리말로 번역한 말투이다. 어떤 행동의 출발점이나 비롯되는 대상임을 나타내는 우리말 조사는, 유정물인 경우는 '-에게서', 무정물은 '-에서'를 쓴다. 그러므로 '누구로부터'보다는 '누구에게서(누구한테서)', '어디로부터'보다는 '어디에서'와 같이 표현하는 것이 자연스럽다. 위의 문장을 바꾸어 보면,

"*동쪽에서* 서쪽까지"

"*부산에서* 서울까지 얼마나 걸리니?"

"그는 *과거의* 기억에 시달리고 있다."

"나는 지금 *학교에서* 돌아오는 중이다."

"영희는 *친구에게서* 예쁜 선물을 받았다."

"*아버지한테서* 편지가 왔다."

"지금 *라디오에서* 내가 좋아하는 노래가 흘러나오고 있다."

훨씬 자연스럽지 않은가? 우리 말투, 진짜 우리말을 쓰자.

누나에게서

여행 떠난 **누나로부터**
편지가 왔다.

아프리카에서

아프리카로부터 온 편지

영웅이라 불리는 사람

"그는 사람들에게 영웅이라 *불리운다*(*불려진다*)."

"일이 잘 *되어지고* 있다."

"일이 호전될 것으로 *보여진다*."

"*잊혀진* 계절이 다시 돌아왔다."

"*모여진* 성금은 어려운 이웃을 위해 *쓰여질* 예정이다."

이 문장들이 편하게 들리는가? 그렇다면 당신도 틀린 말을 사용하는 사람이다. 위의 문장들은 서술어가 이중피동형으로 잘못 쓰였다. 이러한 이중피동 형태도 일본어의 영향이라고 한다.

첫 문장의 '부르다'의 피동형은 '불리다'이다. '불리우다', '불려지다'는 불필요한 형태소 '우'나 '지'가 더 붙어 이중피동형이 되었다. "그는 사람들에게 영웅이라 **불린다**."라고 써야 맞다. 더 좋은 것은 "**사람들은 그를 영웅이라 부른다**."이다. 더 우리말답다.

'-아/어지다'는 용언의 어간 뒤에 붙어 피동의 의미를 갖게 한다. '되어지다'에서 '되다'도 피동의 의미가 있는 말인데, 거기에 '-어지다'가 붙으면 이중피동의 불편한 말이 된다.

또, 피동형 '보이다', '모이다', '쓰이다', '잊히다'에 '-어지다'가 붙은 '보여지다', '모여지다', '쓰여지다', '잊혀지다' 모두 이중피동의 틀린 말들이다.

"일이 잘 **되어간다**." "호전될 것으로 **보인다**." "**잊힌** 계절"로 써야 한다. 끝 문장은 "**모인** 성금은 어려운 이웃을 위해 **쓰일** 예정이다."로 쓰거나 한 발 더 나아가서 "**모은 성금은 어려운 이웃을 위해 쓸 예정이다**."와 같은 능동형 문장으로 쓰는 것이 더 우리말답다.

그는 모두에게 영웅이라 **불리운다.**

　　　↘ **불린다.**

→　모두 그를 영웅이라 **부른다.**

모여진 성금은 어려운 이웃을 위해 **쓰여질** 계획이다.

　↘ **모은** 성금은 어려운 이웃을 위해 **쓸** 계획이다.

어떤 갠 날

푸치니의 오페라 〈나비부인〉의 2막에 나오는 유명한 소프라노 아리아가 있다. '어떤 갠 날'이다. 그런데 이것을 '어떤 *개인 날*'로 부르거나 표기하는 경우가 많다.

또 "날씨가 화창하게 *개어지면* 밖으로 나가자."와 같은 불편한 표현도 자주 접한다. 무엇이 문제인가?

'개다'는 자동사이다. 무엇에 의해서 개게 되는 것이 아니라, 날씨가 스스로 갠다는 말이다. "날씨가 화창하게 **개면** 밖으로 나가자."로 쓰는 것이 맞다. '개이다'와 '개어지다'와 같은 피동형은 틀린 말, 우리말에 없는 말이다.

'틀리다'도 마찬가지로 자동사이다. 이것을 "그 일이 잘 되기는 이미 **틀려졌다.**"와 같이 쓰면 틀리다. "그 일이 잘 되기는 이미 **틀렸다.**"로 써야 맞는 문장이다.

또 영어의 영향으로 영문을 번역한 것 같은 수동태의 문장들이 불필요한 피동형의 서술어를 만들어 내 우리말을 불편하게 한다.

"이 책은 그에 의해 만들어졌다."는 영문 번역체이고, 우리말은 "그가 이 책을 만들었다."처럼 사람을 주어로 한다.

"안도현의 시는 많은 사람들에게 *읽어진다(읽힌다)*."보다는

"많은 사람들이 안도현의 시를 **읽는다.**"

"오늘 회의에서 *다루어질* 안건은 모두 세 가지이다."보다는

"오늘 회의에서 **다룰** 안건은 ..."처럼 능동형의 말이 우리말이다.

심지어 "감사하다고 *생각되어집니다.*"라는 표현도 쓴다. 어처구니가 없다.

"진심으로 감사합니다." "감사하게 생각합니다."라고 해야 한다.

번역할 때도 "식목일에 네 그루의 나무가 나에 의해 *심어졌다.*"가 아니라, "내가 식목일에 나무 네 그루를 **심었다.**"라 해야 한다.

자존감을 가지고 우리말다운 말을 써야 한다.

이 밤의 끝을 잡고

"... 빈손으로 온 내게 세상이 준 선물은 너란 걸 알기에 / 참아야겠지 내 맘 아프지 않게 / 그 누구보다도 행복하게 살아야 해 모든 걸 잊고 / **이 밤의 끝을 잡고** 있는 나의 사랑이 / 더 이상 초라하지 않게 / 나를 위해 울지 마 난 괜찮아."

대중가요 〈이 밤의 끝을 잡고〉의 가사이다. 1990년대에 발표되어 20년이 지난 지금까지도 알앤비(R&B)의 대표곡이라 일컬어지는 이 노래는 멋진 노래임에도 결정적인 흠이 있다. 가수가, 제목이기도 한 '이 밤의 끝을 잡고'의 '끝을'을 [끄츨]이라 잘못 발음하였다는 점이다. 이후에 이 노래를 부르는 모든 가수들이 원곡 가수의 발음을 따라 '끄츨'이라 노래한다. 아마 이 노래를 따라 부르는 대중들 대부분이 그렇게 부르리라. '끝을'의 올바른 발음은 [끄틀]이다.

'ㄷ', 'ㅌ'음은 뒤에 'ㅣ'모음이 올 때 'ㅈ', 'ㅊ'으로 발음된다. 이런 음운 현상을 '구개음화'라 한다. 그 외의 경우는 원래의 음대로 발음해야 한다.

"내가 **맏이**〔마지〕이다." "우리 집 **맏아들인**〔마다드린〕 철수"

"어머니는 새 밥솥을〔밥소틀〕 사셨다." "새 **밥솥이**〔밥소치〕 크다."

"**땅끝에서**〔땅끄테서〕 외치다." "슬픔도 **끝이**〔끄치〕 있겠지."

늘 말하는 것이지만 방송에서의 말 한 마디나 노래가 한 순간에 퍼져나가 대중의 머릿속에 그대로 박혀 버린다. 영향력이 큰 만큼 방송은 책임감을 가져야 한다. 방송으로 나가서 대중의 머릿속에 박혀 버리면 고치기 어렵기 때문이다.

자랑스러운 태극기

동네 입구에 "*자랑스런* 대한국민대상 수상 OOO 시의원"이라 크게 쓴 현수막이 며칠째 붙어 있다. 이 상은 매년 사회 각계에서 대한민국의 위상과 국격을 높이는데 기여한 당당한 대한국민에게 수여하는 상이라고 한다.

문제는 국가적인 규모의 상임에도 틀린 이름을 가지고 있다는 점이다. '자랑스런'이 아니라 '**자랑스러운**'이라 해야 한다.

어간의 끝이 'ㅂ'인 동사나 형용사 중에는 '아/어'로 시작하는 어미가 올 때, 'ㅂ'이 '오/우'로 바뀌는 것들이 있는데 이것을 'ㅂ'불규칙용언이라 부른다.

'(빵을)굽다(구우면), 눕다(누워), 줍다(주우면)' 등의 'ㅂ'불규칙동사와 '곱다(고와), 덥다(더워), 밉다(미우니), 애처롭다(애처로운), 춥다(추워서), 가볍다(가벼운), 무겁다(무거워)' 등의 형용사가 있다.

이외에 명사 뒤에 '-스럽다'가 붙어서 만들어진 '사랑스럽다, 변덕스럽다, 어른스럽다, 고생스럽다, 탐스럽다' 등도 '사랑스러워, 변덕스러워, 어른스러운, 고생스러운, 탐스러운'과 같이 써야 한다. '사랑스런, 변덕스런'으로 써서는 안 된다. '가볍다'를 '가변', '무겁다'를 '무건'으로 쓰지 않는 것과 같은 이치이다.

수십 년 동안 태극기 앞에서 외게 한, 국기에 대한 맹세문 "나는 *자랑스런* 태극기 앞에 …"는 온 국민을 잘못 맹세하게 만든 기막힌 맹세문이었는데, 몇 년 전에 바로잡혀 다행이다.

진정으로 자랑스럽다면 '자랑스러운 태극기', '자랑스러운 OO상'이라 맞게 써야 하지 아닐까?

잘하다, 곧잘 하다

우리가 자주 쓰는 말 가운데 '**잘**'이 있다. '잘'은 뒤에 오는 동사를 꾸며 주는 부사로서 넓은 의미(다의어)로 쓰인다.

'좋고 훌륭하게' (잘 기른 딸 하나 열 아들 안 부럽다.)

'옳고 착하게' (마음을 잘 써야 복을 받지.)

'익숙하고 능란하게' (그 남자는 춤을 잘 춘다.)

'자세하고 충분하게' (나는 그 사람 사정을 잘 모른다.)

'만족스럽게 충분히' (음식을 잘 먹었습니다.)

'아주 적절하게' (기다렸는데 너 마침 잘 왔다.)

'편하거나 순조롭게' (어르신 덕분에 잘 지냅니다.)

'제대로 분명하게' (그는 이제 늙어서 잘 보고 듣지 못한다.)

'쉽게 또는 얼른' (생각이 잘 떠오르지 않는군요.)

'어림잡아 넉넉하게' (이 콩은 두 말은 잘 될 거요.)

'늘 툭하면, 자주' (이렇게 잘 웃는 아이는 처음 본다.)

'잘하다'는 부사 '잘' 뒤에 접미사 '하다'가 결합한 동사로, 붙여 쓴다.

'어떤 일을 바르고 떳떳하게 하다'(그를 보낸 것은 참 잘한 일이었다.)

'익숙하고 능란하게 하다'(그 아이는 운동을 잘한다.)

'버릇처럼 어떤 행동을 하다'(그녀는 툭하면 울기를 잘한다.)

'넉넉잡아서, 넉넉잡아야 또는 고작'(그것은 잘해야 본전이다.)

'잘' 앞에 '곧'이 붙은 말 '곧잘'이 있는데, '제법 잘'의 뜻이다. "그 애는 노래를 곧잘 해." "철수는 공부를 곧잘 한다."와 같이 쓴다. '곧잘'과 '하다'는 띄어 쓴다. "우리 아버지는 축구를 곧잘 하신다."와 같이 '곧잘 하다'를 윗사람에게 쓰면 버릇없는 말이 된다.

못하다, 못 하다

'못하다'와 '못 하다' 어느 것으로 써야 할지 헷갈릴 때가 있다. 먼저 '못하다'는 동사, 형용사, 보조동사, 보조형용사 등으로 쓰임새가 다양하며 의미도 조금씩 다르다.

동사로서 '못하다'는 '어떤 일을 일정한 수준에 못 미치게 하거나, 그 일을 할 능력이 없다.'는 뜻이다.

　　"너는 바느질을 잘 못하는구나."

　　"왜 말을 똑바로 못하니?"

형용사로서 '못하다'는 '-보다 비교 대상에 미치지 아니하다.'의 뜻이다.

　　"올해 단풍 색깔이 작년보다 못하다."

또, '못해도'의 형태로써 '아무리 적게 잡아도'의 뜻으로 쓰인다. "그 사람은 못해도 칠순은 넘어 보였다." 그리고 '못하다'는 보조동사로도 쓰이는데, 동사 뒤에서 '-지 못하다'의 형태로 쓰여, 앞말이 뜻하는 행동에 대하여 그것이 이루어지지 않거나 그것을 이룰 능력이 없음을 나타낸다.

　　"바빠서 동창회에 가지 못했다."

'못하다'가 형용사 뒤에서 '-지 못하다'의 형태로 보조형용사의 구실도 하는데, "음식 맛이 좋지 못하다."와 같이, 앞말이 뜻하는 상태에 미치지 아니함을 나타낸다.

'못 하다'는 하고는 싶은데 어떠한 상황에 의해서 할 수 없는 경우에 쓴다. "오늘은 비 때문에 축구를 **못 한다**."

실력이 없어 못하는 경우는 "나는 축구를 **못한다**."이다.

　　"우리 엄마는 음식을 **못하신다**."(음식 솜씨가 없다.)

　　"우리 엄마는 손을 다쳐 음식을 **못 하신다**."(사정상 못하다.)

'못하다'와 '못 하다'는 큰 차이가 있으므로 잘 가려 써야 한다.

올해 쌀 수확이 작년만 **못하다**.

아버지는 나이 드셔서 이제 농사일을 **못 하신다**.

햇빛, 햇살, 햇볕

깊은 가을이다. 빨강, 주황, 노랑, 색색의 단풍이 가을 햇빛 아래 더욱 찬란하다. 하늘이 더없이 높고 맑아서 가을 들녘 어디라도 나가 마음껏 햇살을 느끼고 싶고, 따사로운 가을 햇볕을 온몸으로 받으며 걷고 싶은 계절이다.

'햇빛', '햇살', '햇볕'은 그 의미가 어떻게 다를까 새삼 궁금하다.

'햇빛'은 '해의 빛'으로 다음과 같이 쓴다.
　　"햇빛이 비치다."
　　"햇빛이 쏟아지다."
　　"커튼으로 햇빛을 가리다."
　　"눈물이 햇빛에 반짝인다."

'햇살'은 '해에서 나오는 빛의 줄기, 또는 그 기운'으로 아래처럼 쓴다
　　"물결 위에 부서지는 햇살이 아름다웠다."
　　"아침 햇살이 방안에 퍼지다."
　　"봄 햇살이 창문으로 비껴 들어왔다."

'햇볕'은 '해가 내리쬐는 뜨거운 기운'을 뜻하는 말이다.
　　"아이들이 옹기종기 모여앉아 따뜻한 햇볕을 쬔다."
　　"햇볕에 빨래가 잘 마른다."
　　"가을 햇볕은 곡식과 과일을 숙성시킨다."

햇볕 아래 펼쳐 놓은 빨간 고추들이 빛을 내며 잘 마르고 있다.
오늘은 따가운 햇볕 속으로 나가 보자.

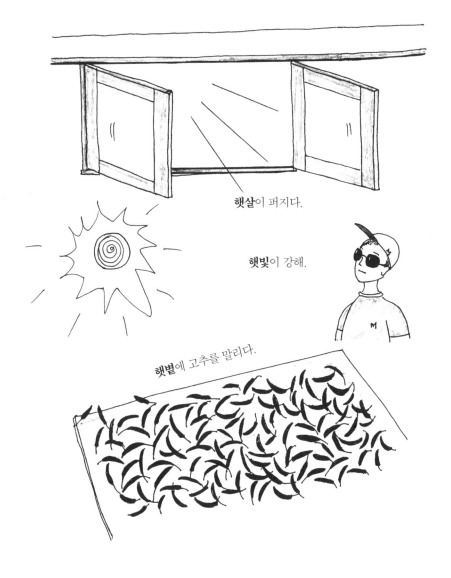

햇살이 퍼지다.

햇빛이 강해.

햇볕에 고추를 말리다.

껍질째 먹자

껍질에 영양분이 많이 들어 있다고 식품을 껍질째 먹으라고 한다. 쌀의 속껍질에 해당하는 미강이 그대로 붙어 있는 현미가 좋다는 것도 그런 이유이다. 고구마도 그렇고 감자도 껍질째 먹는 것이 좋다고 한다. 심지어 바나나도 껍질째 먹는 사람을 보았다.

'껍질째'에서 '째'는 일부 명사 뒤에 붙어 '그대로' 또는 '전부'의 뜻을 더하는 접미사이다.

> "그는 떡을 통**째**로 삼켰다."
> "그 말 한 마디로 그에 대한 믿음이 뿌리**째** 흔들렸다."
> "멸치는 뼈**째** 먹는 생선이다."
> "그는 내 인내심을 송두리**째** 뽑아 놓았다."

'째'와 자주 혼동해서 쓰는 '채'가 있다. '채'는 의존명사로서, '-은/는 채(로)'의 구성으로 '이미 있는 상태 그대로 있다'는 뜻을 나타내는 말이다.

> "그는 눈을 감은 **채** 내게 말했다."
> "아이가 신발을 신은 **채**로 뛰어 들어왔다."

'째'는 앞말에 반드시 붙여 쓰고, '채'는 앞에 꾸며 주는 말이 있으며 그것과 띄어 써야 한다.

또 '채'와 혼동하는 '체'가 있다. 이것은 의존명사로서 '그럴 듯하게 꾸미는 거짓 태도나 모양'을 뜻한다. '척'과 같은 의미로 쓴다.

> "나는 그를 보고도 못 본 **체**(척) 고개를 돌렸다."
> "그는 모든 걸 아는 **체**(척)한다."

'째'를 붙여 써야 할 자리에 '채'를 쓰면 틀린 말이 된다.

천둥과 우레

대기 중의 방전 현상으로 번개가 친 다음에 하늘이 요란스럽게 울리는 것을 천둥이라 한다.

"번개가 치더니 곧 이어 천둥이 울렸다."

"아이가 천둥 치는 소리에 놀라 울음을 터뜨렸다."

매우 큰 소리를 표현할 때 비유적으로도 쓰인다.

"아버지는 천둥 같은 큰 소리로 아침마다 나를 깨우신다."

'천둥'과 같은 뜻의 말로 '우레'가 있다. '우레'는 천둥과 마찬가지로 예부터 써 온 우리말이다.

조선시대 시인 정철의 〈관동별곡〉에 금강산의 십이폭포를 묘사하여 "들을 제는 우레러니 보니는 눈이로다"와 같이 표현하였다. 폭포가 쏟아지는 소리를 멀리서 들을 때는 우레 소리 같았는데 폭포를 직접 눈으로 보니 마치 눈이 쏟아져 내리는 것 같다는 말이다.

'우레'는 '울다'의 어간 '울'에, 명사를 만드는 접미사 '-에'가 붙어 파생된 말이다. 하늘이 크게 운다는 데서 비롯된 말일 것이다.

우레 역시 매우 큰 소리를 나타낼 때 비유적으로 자주 쓰인다.

"선수들이 공을 넣을 때마다 **우레와 같은 박수 소리**가 쏟아졌다"

"그때 **우레와 같은 함성**이 일어났다."

'**우레**'를 써야 할 때 '**우뢰**'로 쓰는 것을 볼 수 있는데, 이는 우리말 '우레'를 한자어 '우뢰(雨雷)'로 잘못 인식하여 쓴 것으로, 우리말의 어원을 한자에서 찾으려는 습관에서 비롯된 일이다. '우뢰'는 표준어로 인정하지 않는다.

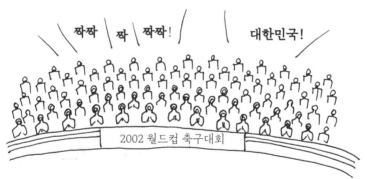

운동장을 가득 채운 **우레**와 같은 함성
아직도 귓가에 쟁쟁하다.

빨강과 빨간색

"가로수 하얀 벚꽃이 바람에 흔들리며 꽃비를 흩뿌리고 있었다."

"그 아이는 빨강, 파랑, 노랑의 색동무늬 옷을 입고 있다."

"나는 빨간색을 좋아하고 동생은 파란색을 좋아한다."

색깔을 나타내는 우리말 '**빨강, 파랑, 노랑, 하양, 검정**' 등이 있다. 이들은 색깔의 이름을 부르는 명사들이다. 이 색깔들을 조금 달리 부를 때 '**빨간색, 파란색, 노란색, 하얀색, 검은색**'으로 쓴다. 이 말들은 형용사의 관형사형 '빨간, 파란, 노란, 하얀, 검은' 뒤에 명사 '색'이 붙은 합성어이다.

그런데 위의 말들을 '빨강색, 파랑색, 노랑색, 하양색, 검정색'으로 쓰면 틀린 말이 된다. '빨강'이 이미 '빨간색'이라는 명사인데, 거기에 다시 '색'을 붙이면 '역전앞'이나 '처갓집'과 같이 의미가 중복되는 우스운 말이 되기 때문이다.

'빨갛다, 파랗다, 노랗다, 하얗다, 검다'는 형용사이므로 다른 말을 꾸밀 때 관형사형으로 '빨간 사과', '파란 하늘', '노란 달맞이꽃', '하얀 드레스', '검은 장갑'과 같이 쓴다.

이런 예쁜 우리말들을 놔두고 '적색', '청색', '황색', '흑색'과 같은 딱딱한 한자말들이나, '레드'니 '블루'니 '옐로'니 하는 서양말들 좀 쓰지 말자.

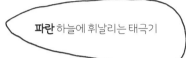

파란 하늘에 휘날리는 태극기

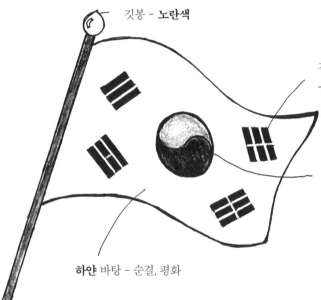

깃봉 - **노란색**

건 · 곤 · 갑 · 리는 **검정**
- 하늘 · 땅 · 물 · 불

태극 - 음과 양의 조화
빨강 - 존귀
파랑 - 희망

하얀 바탕 - 순결, 평화

푸르른 날

눈이 부시게 **푸르른** 날은

그리운 사람을 그리워하자. (서정주, '푸르른 날'의 첫 연)

저 들에 **푸르른** 솔잎을 보라

돌보는 사람도 하나 없는데

비바람 맞고 눈보라 쳐도

온 누리 끝까지 맘껏 푸르다. (김민기, '상록수' 앞부분)

여기에 공통으로 쓰인 '푸르른(푸르르다)'은 '푸르다'를 강조하는 말로, 비표준어였다가 2015년에야 복수 표준어로 인정되었다.

'푸르다'는 어미 활용할 때 자음으로 시작되는 어미가 연결되면 '푸른' '푸르고' '푸르게' '푸르니'처럼 그 형태가 변하지 않는다. 그러나 어미 '-어/-어서/-었다'가 연결되면 '-어'가 '-러'로 바뀌어 '푸르러' '푸르러서' '푸르렀다'로 불규칙적으로 활용된다.

'푸르다'와 같은 '러'불규칙용언에 '이르다(당도하다)'가 있다.

"그는 부산에 이르러서야 감고 있던 눈을 떴다."

그렇다면 '푸르르다'는 어떻게 어미 활용을 할까? '푸르른' '푸르르고' '푸르르니'처럼 자음으로 시작되는 어미가 오면 형태가 변하지 않다가, '-어' '-어서'가 연결되면 '푸르러' '푸르렀다'로 '으'가 탈락하는 '으'규칙 활용 형용사이다.

어미 활용할 때 일정한 환경에서 '으'가 규칙적으로 탈락하는 용언은 규칙용언으로 재규정하였다.

문법이나 표준어는 고정불변의 법칙이 아니다. 언중의 말이 변함에 따라 규정이 바뀌기도 한다. '푸르다'를 자신 있게 쓰자.

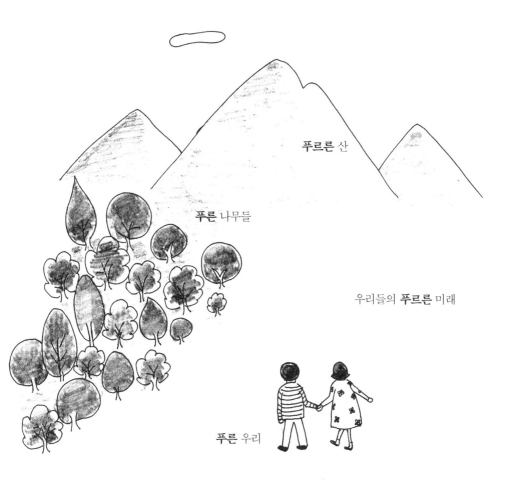

푸른 하늘

푸르른 산

푸른 나무들

우리들의 **푸르른** 미래

푸른 우리

초승달과 눈썹

필자의 연구소 앞에는 작은 공원이 있는데, 자잘한 꽃나무들과 사철 푸른 나무들이 있어 자주 창밖을 내다보며 눈을 식히곤 한다. 문 밖으로 나가 꽃과 나무들과 어울려 뛰노는 아이들, 그 위의 하늘을 바라보기를 즐겨한다.

가끔 나무 위에 걸려 있는 낮달을 만나기도 한다. 파란 하늘에 여린 모습으로 수줍게 떠 있는 낮달은 늘 감탄을 자아내게 한다. 맨 처음 만난 낮달은 보름달이었고 언젠가는 반달, 최근에 본 것은 초승달이었다.

초승달은 음력 3일 경에 뜨는, 오른쪽이 둥근, 눈썹 모양의 작은 달을 말한다. 아름다운 여인의 눈썹을 초승달에 빗대기도 한다.

> 내 마음 속 우리 님의 고운 **눈썹을** / 즈믄 밤의 꿈으로 맑게 씻어서 / 하늘에다 옮기어 심어 놨더니 / 동지 섣달 나르는 매서운 새가 / 그걸 알고 시늉하며 비끼어 가네 (서정주, 동천(冬天))

긴 세월 밤마다 꿈마다 그리워하던 임의 고운 눈썹이 차가운 겨울 하늘에 걸려 있다. 초승달이다. 내 그리움이 만들어낸 임의 모습을 해치지 않으려 힘차게 날아가던 새도 비껴간다.

아름다운 시를 읽은 이들은 고운 눈썹을 가진 임의 모습을 오랫동안 마음에 품게 되었을 것이다.

아직도 '**초생달**'이라 쓰는 사람들이 많다. '초승달'이 '처음에 생긴 달'을 뜻하는 한자어 '초생(初生)달'에서 온 말이지만 '초생'이 점차 '초승'으로 소리가 변하였으므로 '**초승달**'을 표준어로 정하였다. 더 이상 헷갈려하지 말고 자신 있게 '초승달'이라 쓰자.

초승달

초생달과 눈썹

쌍둥이와 문둥이

'쌍둥이'는 한 어머니에게서 한꺼번에 태어난 두 아이를 가리키는 말이다.

원래는 둘을 뜻하는 '쌍(雙)'에 아이 '동(童)', 그리고 접미사 '-이'가 붙어 '쌍동이'였던 것이 지금은 '동이'가 '둥이'로 변한 '쌍둥이'가 표준어가 되었다.

'쌍둥이'뿐만 아니라 '-둥이'가 붙은 말은 어원을 고려하지 않고 모두 '-둥이'가 붙은 형태를 표준어로 삼았다.

'**귀둥이** 또는 **귀염둥이**', '**막둥이**' 또는 '**막내둥이**', '**선둥이**'(쌍둥이 중에서 먼저 난 아이)', '**후둥이**'(쌍둥이 중에서 나중에 난 아이)', '**해방둥이**'(1945년에 태어난 사람)', '**쉰둥이**'(나이가 쉰이 넘은 부모에게서 태어난 아이)' 등이 있다.

원래부터 '-둥이'가 붙은 '검둥이', '흰둥이', '바람둥이' 등은 그대로 쓴다.

그런데 주의할 것은 '-둥이'가 붙지 않는 말들인 '**쌍동밤**', '**쌍동딸**', '**쌍동아들**'과 같은 말들은 '쌍동-'으로 쓴다.

경상도 사람들이 친한 사이에서 흔히 쓰는 '문둥이'라는 말도 '쌍둥이'와 마찬가지로, '문동'의 '동'이 '둥'으로 소리가 바뀐 것이다. 어원을 보면 '문동(文童)'은 글공부하러 서당 다니는 아이, 즉 학생과 같은 뜻을 가진 말이다. 같은 스승 밑에서 함께 배우는 사이를 일컫는 말로 쓰이거나, 어른들이 아이들을 친근감 있게 일컬을 때 '우리 문동이'와 같이 쓴다. 비속어로 오해해서는 안 된다.

표준어는 '**문동**'이다.

쌍둥이

문둥

내로라하는 사람들

"남북정상회담 덕분에 국내 각계 주요 인사가 한자리에 모이는 흔치 않은 장면이 연출됐다. **내로라하는** 재벌 회장들도 가슴에 태극기를 단 채 속속들이 모여 눈길을 끌었다."

흔히 사용하는 말 가운데 잘못 쓰거나 뜻을 정확히 모르는 말이 '내로라하다'이다. 이 말의 뜻은 '자신을 내세울 만하다.' '내가 어떤 분야를 대표할 만하다.'이다.

'내로라'는 '나이다', '그게 바로 나다', '내가 그 사람이다'의 뜻인데, 풀어 설명하면 '내로라'는 '나(대명사)+이(서술격조사) + 느(현재시제 선어말어미)+오(1인칭의 선어말어미) + 다(평서형 종결어미) → 나이노라 → 내로라'로 변한 말이다.

그 뒤에 접미사 '하다'가 붙어서 '내로라하다'가 되었다.

따라서 '내로라하다'는 "'나이다'라고 하다.", "'그건 바로 나다'라고 하다."라는 말이다. 즉 스스로가 자신을 내세울 만하다는 의미로 쓰이는 말이다.

"**내로라하는** 사람들이 한곳에 모였다."
"김철수는 **내로라하는** 환경운동가이다."
와 같이 어미 활용이 다양하지 않고 주로 '내로라하는'의 한 형태로만 쓰인다.

'**내노라하다**'는 틀린 말이다. 우리 모두 자신의 분야에서 '**내로라하는**' 사람이 되자.

내로라하는 동네 인물들이 다 모였네.

영글다, 여물다

햇빛이 맑고 따갑게 내리쬐어 온갖 곡식과 과일들을 여물게 하는 아름다운 계절이다. 하루가 다르게 영글어가는 열매들이 우리의 마음까지 살찌게 한다.

'여물다'와 '영글다'는 같은 뜻의 낱말이다. 동사로는 '과실이나 곡식 따위가 알이 들어 딴딴하게 잘 익다' 또는 '빛이나 자연 현상이 짙어지거나 왕성해져서 제 특성을 다 드러내다'의 뜻으로 쓰인다.

"청포도가 탱탱하게 잘 **여물었네**."

"올해는 모든 곡식이 잘 **여물어** 풍년이 될 것이다."

"가을 산에 오르니 머루 다래가 **영글어** 발밑에 뒹굴고 있었다."

'여물다'와 '영글다'는 형용사로도 쓰이는데, '일 처리나 언행이 옹골차고 여무지다.' 또는 '사람됨이나 씀씀이 따위가 매우 옹골차고 헤프지 않다.'의 뜻으로도 쓰인다.

"나도 우리 형처럼 **여문** 사람이 되고 싶다."

"우리 며느리는 손끝이 **영글어서** 따를 사람이 없을 정도다."

'여물다'와 '영글다' 둘 다 표준어이다.

포도가 **영그는** 계절
내 꿈도 **여문다.**

저 선수처럼
여문 사람이
돼야지.

잘못하다, 잘 못하다

"제가 **잘못했어요**."

"제가 **잘 못했어요**."

이 두 문장은 어떤 차이가 있을까?

'잘못하다'는 '잘못'에 '하다'가 붙은, 여러 뜻을 가진 다의어이다.
'잘못을 저지르다'의 뜻으로는

"그는 잘못했다고 몇 번이고 빌었다."

'틀리거나 그릇되게 하다'의 뜻으로,

"잘못해서 엉뚱한 길로 들어섰다."

'적당하지 아니하게 하다'의 뜻으로는,

"음식 보관을 잘못해서 다 상해 버렸다."

'불행하거나 재수가 좋지 아니하게 하다.'의 뜻으로도 쓴다.

"잘못하면 허탕 치고 그냥 돌아오는 수가 있어."

'잘 못하다'는 '잘하지 못하거나 원활하게 하지 못하다.'이다. 아래 예문
처럼 쓴다.

"저는 운동을 잘 못합니다."

"처음엔 잘 못하던 일도 계속 하다보면 잘할 수 있게 된다."

이 글 처음에 있는 "제가 잘못했어요."는 잘못을 저질렀다는 말이고, "제
가 잘 못했어요."는 썩 잘하지 못했다는 말이다.

잘못한 것과 잘하지 못한 것에는 큰 차이가 있다.

우리 선수가 **잘못해서**
경고를 받았다.

수비수가
잘 못해서 골을 먹었다.

신김치와 쉰 김치

날씨가 점점 추워지면서 김장 준비를 하는 사람들이 많다. 김장 김치는 갓 담가 풋내 나는 것보다는 적당히 익어 약간 신맛이 나는 상태가 유산균의 활동이 가장 크고 발효가 잘 되어 맛도 좋고 영양가도 높다고 한다.

겨울엔 따뜻한 밥에 잘 익은 신 김치 하나만 있으면 특별한 반찬이 없어도 맛있게 먹을 수 있다.

'신 김치'를 '쉰 김치'와 혼동하는 사람들이 있다. '시다'는 '맛이 먹는 식초의 맛과 같다.'의 뜻이다. '신 김치'는 배추와 양념을 버무린 원래의 맛에서 벗어나 약간 신맛이 나게 발효된 김치를 이른다.

'쉬다'는 '음식 따위가 상하여 맛이 시금하게 변하다.'의 뜻이다. 음식이 '쉰' 것은 발효된 것이 아니라 상한(부패된) 것이다. **'신 김치'는 발효된 김치, '쉰 김치'는 부패한 김치이다.** 우리가 좋아하는 것은 적당히 발효된 김치이지, 상한 김치가 아니다.

그런데 '시다'는 맛의 어떠함을 나타내는 형용사이지만 **"우리 집 김치가 시었다."**라고 할 때는 자동사로 쓰인다.

김치가 시일이 오래 지나서 흐물흐물해지고 군내가 나도 *"김치가 쉬었다."*는 표현은 잘 쓰지 않는다.

쉰 김치 말고 맛있게 신 김치를 먹자.

무쇠 난로에 데워 먹던 추억의 도시락.
반드시 *쉰* 김치라야…

신

부시다, 부수다

"당신, 부셔 버릴 거야!"

과거 어떤 드라마에서 여주인공이 자기를 배신한 남자를 향해 앙칼지게 내지른 유명한 대사로, 한때 사람들 사이에 유행어처럼 쓰였던 말이다.

그런데 여주인공의 이 피맺힌 외침이 과연 그 남자에게 제대로 전달되었을까? 그 남자가 우리말을 아는(?) 사람이었다면 여자의 말에 혼란스러웠을 것이다.

왜냐하면 '부셔 버리다'의 '부시다'는

"언니는 그릇을 깨끗이 **부신다.**"와 같이 '깨끗이 씻다'의 뜻이거나,

"그의 신부는 눈이 **부시게** 흰 옷을 입고 있었다."와 같이 '센 빛살이 쏘일 때 마주보기가 어렵도록 눈이 어리어리하다'의 뜻을 가진 말이기 때문이다.

드라마 속의 여자는 그 남자를 깨끗이 씻길 생각이 아니었다면, "부셔 버릴 거야."가 아니라 "**부숴 버릴 거야.**"라고 했어야 했다. '부수다'는 '단단한 물체를 여러 조각이 나게 두드리거나 쳐서 깨뜨리다'의 뜻이며, 그녀의 마음도 이와 같았을 터이므로.

> "**참깨를 부수어** 요리에 뿌리면 훨씬 더 고소하다."
> "철수는 돌을 **잘게 부수는** 일을 한다."

물건을 부수는 것은 그릇을 깨끗이 부시거나 눈이 부신 것과 다른 일이다. 말할 때 주의를 기울여 바르게 쓰자.

그녀는 눈이 **부시게** 흰 드레스를
입고 그와 함께 새 인생의 첫걸음을
내디뎠다.

깨를 잘게 **부수다**.

맞추다, 맞히다

'양복 마춤'일까, '양복 맞춤'일까? 1988년 개정한 맞춤법에서는 '마춤'을 아예 없애고 '맞춤'으로 통일했다. **양복 맞춤**이 맞다.

'맞추다'는 여러 의미를 갖는 다의어이다.

'서로 일치되어 어긋나거나 틀림이 없게 하다.' (박자를 맞추다.)

'둘 이상의 일정한 대상들을 나란히 놓고 비교하여 살피다'. (시험이 끝나자마자 아이들이 답을 맞춰 보느라 야단법석이다.)

'어떤 기준이나 정도에 알맞게 하다.' (간을 맞추다.)

'어떤 부분을 제자리에 대어 붙이다.' (아이는 퍼즐을 맞춘다.)

'어떤 수량이 되게 하다.' (짝을 맞추다.) (인원을 맞추다.)

'일정한 규격의 물건을 만들도록 미리 주문을 하다.' (안경을 맞추다.) (구두를 맞추다.)

그 외에 관용적인 쓰임도 많다.

'맞히다' 역시 다의어로서 여러 의미로 쓰인다.

'물음에 옳은 답을 하다.' (내가 정답을 맞히다니.)

'과녁, 목표 등에 바로 맞게 하다.' (네가 핵심을 맞혔구나.)

'비, 눈 등을 맞게 하다.' (외출하느라 장독에 비를 맞혔다.)

'약속을 어겨 바람을 맞게 하다.' (그가 나를 바람 맞혔다.)

'침이나 주사를 맞게 하다' (아기에게 예방주사를 맞혀야 한다.)

'맞추다'와 '맞히다' 둘 다 자동사 '맞다'에 각각 사동접미사 '추', '히'가 붙어서 사동사이며 목적어를 취하는 타동사가 된 말이다. 지금 국가적으로 힘든 일들이 많으니 국민 모두가 **손발을 맞추어** 잘 해결해 나가야겠다.

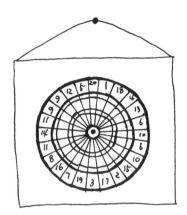

다트 **맞히기**

난생 처음 양복을 **맞췄다.**

밀당하는 사이

"그 둘은 지금 밀당하는 중이다."

요즘 흔히 듣는 말이다. '밀당하다'는 '밀고 당기다'의 줄임말로 서로 관심 있는 남녀가 마음을 다 드러내지 않고 상대방에게 호감이 있는 듯 아닌 듯 하는 것을 표현하는 젊은 층의 유행어이다.

'당기다'의 뜻은 '물건 따위를 힘을 주어 자기 쪽이나 일정한 방향으로 가까이 오게 하다.'의 뜻이다.

"그는 낚싯줄을 힘껏 **잡아당겼다**."

"그는 흥미가 일었는지 의자를 바싹 **당겨 앉았다**."

'좋아하는 마음이 일어나 저절로 끌리다.'의 의미로도 쓴다.

"그 말을 들으니 **구미가 당기는데**."

"나는 그의 이야기를 듣고 **호기심이 당겼다**."

그 외에 '입맛이 돋우어지다.'의 뜻으로 아래처럼 쓴다

"요즘은 **입맛이 통 당기지** 않아 걱정이야."

이 '당기다'와 비슷하게 생긴 '댕기다', '땅기다'도 있다.

'댕기다'는 '불이 옮아 붙다'의 의미로,

"마른 나무라 **불이 잘 댕긴다**."와 같이 자동사로도 쓰고,

"그 남자는 심지에 **불을 댕겼다**."처럼 타동사로도 쓴다.

'땅기다'는 '공기가 건조하여 얼굴이 팽팽해지는' 것을 뜻한다. "겨울이 되니 얼굴이 자꾸 **땅긴다**."

'당기다' '댕기다' '땅기다'를 모두 '**땡기다**'로 발음하는 사람이 많은데, '땡기다'는 어떤 경우에도 맞지 않는 틀린 말이다.

얼굴 이쁜 계집애

"동리에서도 소문이 났거니와 나도 한때는 걱실걱실하게 일 잘하고 얼굴 **이쁜** 계집애인 줄 알았더니 시방 보니까 그 눈깔이 꼭 여우새끼 같다."

김유정의 소설 『동백꽃』의 한 장면이다. 순진하기 짝이 없는 '나'는 점순이를 일 잘하고 얼굴도 이쁜 여자애로 생각했었단다. 호감이 있었다는 얘기다. 그러나 그녀의 속마음을 헤아리지 못하고, 계속되는 그녀의 이상한 행동에 이같이 반응한다. 독자들로 하여금 소리 내어 웃게 만드는 대목이다.

'이쁘다'는 표준말이 아니었다. 2015년에 와서야 우리 언어 현실을 반영하여 '**예쁘다**'와 '**이쁘다**'를 모두 표준어로 인정하였다.

'잎새' 역시 같은 때에 복수 표준어로 인정하였다. '잎새'는 '잎사귀'의 방언으로 취급해왔으나 의미에 섬세한 차이가 있음을 인정하여 표준어로 삼았다. '잎새'는 문학적 표현에 자주 등장한다.

죽는 날까지 하늘을 우러러
한 점 부끄럼이 없기를
잎새에 이는 바람에도
나는 괴로워했다. (윤동주, 서시)

빼어난 가는 **잎새** 굳은 듯 보드랍고
자짓빛 굵은 대공 하얀 꽃이 벌고,
이슬은 구슬이 되어 마디마디 달렸다. (이병기, 난초)

우유 빛깔과 해님

"우웃빛깔 ○○○"

피부가 우유처럼 뽀얗고 고운 사람이나 사랑스러운 대상을 부를 때 이런 표현을 쓰는 것을 자주 듣는다. 유행어이다.

'우웃빛깔'은 잘못된 표기이다. **'우유 빛깔'** 또는 **'우유의 빛깔'**이라 써야 한다. '우유'와 '빛깔'은 합성어가 아니고 두 단어이므로 당연히 띄어 써야 하고, 두 단어 사이에 'ㅅ'이 들어갈 이유가 없다. 발음도 [우유 빛깔]이지 [우윧삘깔]로 해서는 안 된다.

'사이시옷'은 두 단어가 결합하여 합성어가 될 때 앞말 뒤에 붙여 쓰는데 여기에 규칙이 있다.

첫째, 합성어로서 뒷말의 첫소리가 된소리[ㄲ, ㄸ, ㅃ, ㅆ, ㅉ]로 날 때는 사이시옷을 쓴다. '나뭇가지, 맷돌, 조갯살, 나룻배, 냇가, 바닷가, 뱃사람' 등

둘째, 합성어로서 뒷말의 첫소리 앞에서 [ㄴ] 소리가 덧나는 경우 사이시옷을 쓴다. '나뭇잎, 훗날, 시냇물, 예삿일, 아랫니, 잇몸'

셋째, 한자어끼리의 합성어는 '초점(焦點), 차수(次數), 개수(個數)'와 같이 사이시옷을 쓰지 않음을 원칙으로 한다.

하지만 순 우리말처럼 굳어진 아래 여섯 개의 말들은 사이시옷을 쓴다. '곳간(庫間), 셋방(貰房), 숫자(數字), 찻간(車間), 툇간(退間), 횟수(回數)'

그러면 '햇님'과 '해님' 중에 어느 쪽이 맞는 말일까? **'해님'**이 맞다. '소리꾼, 나무꾼, 낚시꾼, 해님'처럼 접미사가 붙는 파생어의 경우에는 '사이시옷'을 쓰지 않는 것이 원칙이다.

해님이 방긋 웃는

이른 아침에

나팔꽃 아가씨

나팔 불어요.

우리 **막냇동생**은 가수야.

아무리 참으려 해도

"아무리 **참을라고** 해도 참을 수가 있어야지."

"너 숙제 언제 **할라고** 그러니?"

"나 지금 밥 **먹을라고** 해."

위의 말들은 우리가 습관적으로 잘못 쓰는 말투이다. '참을라고', '할라고', '먹을라고'는 바른 말이 아니다.

"아무리 **참으려고** 해도 참을 수가 있어야지."

"너 숙제 언제 **하려고** 그러니?"

"나 지금 밥 **먹으려고** 해."로 써야 올바른 말이다.

'-려고 하다'는 줄여서 아래처럼 쓰기도 한다.

"어디를 **가려느냐**(가려고 하느냐, 갈려느냐)?"

"**나가려는데**(나가려고 하는데, 나갈려는데) 그가 찾아왔다."

"집을 **떠나려니**(떠나려고 하니, 떠날려니) 차마 발이 떨어지지 않는다."

"**보려야**(보려고 해도, 볼래야)볼 수 없는 얼굴"

"**숨기려야**(숨기려고 해도, 숨길래야) 진실은 숨길 수가 없다."

그러나 "나 이제 그만 먹을래." "너 지금 갈래?"에 쓰인, 스스로의 의사를 나타내거나 상대편의 의사를 묻는 데 쓰이는 종결어미는 '-ㄹ래'의 형태로 쓰는 게 맞다.

"**봐주려야**(봐줄래야) 봐줄 수가 없네."

"나 한 번만 **봐줄래?**"

사귀어라

"사겨라! 사겨라!"

얼마 전 텔레비전 방송 자막으로 나온 말이다. 드라마의 남녀 주인공이었던 출연자들에 대해 사회자가 짓궂은 말을 하자 방청객들의 반응을 그대로 자막으로 내보낸 것이다. 필자는 이것을 보고 눈을 의심했다. 대중들의 틀린 말을 그대로 받아 방송으로 내보내다니 기막혔다.

우리말은 두 모음이 만날 때 이중모음으로 줄여 쓰는 경우가 일반적이다. 예를 들어, '가지어라'는 '가져라'로 모음 'ㅣ'와 'ㅓ'를 줄여 'ㅕ'로 쓴다. 또 '바꾸어라'는 '바꿔라'와 같이, 모음 'ㅜ'와 'ㅓ'가 만날 때는 'ㅝ'로 줄여 쓴다. 이 외의 모음들도 둘이 합하여 이중모음으로 표기가 가능할 때는 줄여서 발음하고 표기한다.

그러나 '사겨라'는 잘못된 표기이다. '사귀다'의 명령형은 '사귀어라'이다. 우리말에는 모음 'ㅟ'와 'ㅓ'가 만날 때 준말로 표기할 수 있는 모음이 없다. '사겨라'는 'ㅟ' 모음이 없어져버려 틀린 말이 된 것이다. '사귀고, 사귀니, 사귀면, 사귀어, 사귀었다'와 같이 어근인 '사귀'의 형태가 변해서는 안 된다.

이와 같은 단어들이 더 있다. 어근 끝에 'ㅟ' 모음을 가진 단어들로서, '쉬다, 뛰다, 나뉘다, 바뀌다, 할퀴다, 여위다, 바뀌다' 등이다. 이들도 어근에 '어/었/어라'와 같은 어미가 연결될 때 **쉬어라**, **뛰었다**, **나뉘어**, **바뀌었다**, **할퀴어서**, **여위었다**와 같이 써야 한다.

"(너 이제 그만) *셔라*.", "힘껏 *떴다*." "강아지가 내 얼굴을 *할켜서*" "나는 작년에 어머니를 *여였다*." "번호가 *바꼈다*."와 같이 발음하거나 쓰면 안 된다.

교양인이라면 우리말을 정확하게 발음하고 써야 하지 않겠는가?

점프 성공률

피겨스케이팅 경기가 우리 국민의 애정 어린 관심사가 되었다. 피겨스케이팅에서 점수 비중이 큰 것이 점프 기술이다. 점프의 종류에는 여섯 가지가 있는데, 이 점프의 성공률이 곧 경기의 승패를 좌우한다고 해도 틀린 말이 아니다.

그런데 여기서 주목할 것은 이때 '성공률'이 맞는가, 아니면 '성공율'이 맞는가 하는 것이다. 물론 '성공률'이 맞다. 우리는 때때로 '률'과 '율', '렬'과 '열' 가운데 어느 쪽을 쓸 것인가 헷갈릴 때가 있다. '률' 또는 '율'은 한자 '率' 또는 '律', '렬'과 '열'은 '列'이나 '烈' 등의 독음인데, 바로 앞의 음운에 따라 그 독음과 표기가 달라진다.

앞 말이 받침이 없거나 'ㄴ'받침으로 끝나면 '율', '열'로 쓴다. '**운율, 비율, 실패율, 규율, 선율**', 그리고 '**분열, 치열, 우열, 진열**' 등.
그 외의 받침 뒤에서는 '률', '렬'로 쓴다. '**명중률, 합격률, 성공률, 법률, 능률**', 그리고 '**행렬, 결렬, 맹렬**' 등.

우열을 가리기 힘든 많은 선수들이 저마다 높은 성공률을 위해 치열하게 훈련한다고 한다. 모든 선수들에게 열렬한 응원의 박수를 보낸다.

제치다, 젖히다, 제키다

"국방부는 중국이 350척의 군함과 잠수함을 보유해 293척인 미국을 **제치고** 세계에서 가장 큰 해군력을 보유했다고 우려했다."

"세종시는 경기 수원 팔달구를 **제치고** 올해 아파트값 전국 상승률 1위를 기록하기도 했다."

위에 쓰인 '제치다'는 '경쟁 상대보다 우위에 서다'의 의미이다. '제치다'는 이 외에도 '거치적거리지 않게 처리하다'의 뜻으로,

"그 선수는 상대 선수들을 **제치고** 골을 넣었다."

'일정한 대상이나 범위에서 빼다'의 뜻으로는 아래처럼 쓴다.

"어떻게 나를 **제쳐 두고** 너희들끼리 갈 수 있니?"

또 '일을 미루다'의 뜻도 가진다.

"그는 집안일을 **제쳐 두고** 남의 일에 간섭하는 게 일이다."

이와 발음이 비슷한 '**젖히다**'는 '뒤로 기울게 하다'와 '안쪽이 겉으로 드러나게 하다'의 뜻으로 쓰인다.

"그는 고개를 뒤로 **젖혔다**."

"나는 이불을 **젖히고** 벌떡 일어났다."

'활짝 열다'의 뜻으로는 아래처럼 쓰인다.

"대문을 **젖히고** 들어섰다."

'제키다'는 '살갗이 조금 다쳐서 벗어지다'의 뜻을 가진 동사다.

"어제 일을 하다 **제킨 손등**에 물이 닿으니 쓰리다."

위의 말들이 각기 다르게 쓰일 곳에 모두 '*제끼다*'를 쓰는 사람들이 있는데, 이는 어떤 경우에도 틀린 말, 우리말에 없는 말이다.

우리 동네 달리기 대회

그는 다른 선수들을 **제치고**
1위로 들어왔다.

가끔 고개를 **젖히고**
하늘을 봐.
거기 네 파란 꿈이 있어.

최 진사 댁 셋째 딸

"건너 마을의 최 진사 댁에 딸이 셋 있는데 그 중에서도 **셋째** 따님이
제일 예쁘다던데"

한 때 유행했던 노래 가사이다. 첫째 딸은 살림 밑천이고 둘째 딸은 머리
가 좋고, 셋째 딸은 얼굴 안 보고 데려갈 정도로 예쁘고 … 뭐 그런 옛말이
있다. 근거가 있는 말인지는 모르겠다.

필자의 관심사는 여기서 '셋째 딸'과 '세째 딸' 중에 어느 쪽이 맞는 표기
일까이다. 물론 '셋째 딸'이다. 순서나 수량을 나타낼 때 **첫째, 둘째, 셋째,
넷째, 다섯째 … 열두째, 열셋째 …**'로 쓴다.

과거에는 수량을 나타낼 때와 순서를 나타낼 때를 구별하여 각각 '셋째'
와 '세째'로 다르게 표기했으나 혼란이 크므로 위와 같이 하나로 통일했다.

한 가지 주의할 것은, '둘'이 순서를 나타내는 말로 앞에 다른 수가 올 때
에는 받침 'ㄹ'이 탈락하여 '열두째, 스물두째, 서른두째'로 쓴다. 그러나 수
량을 나타내는 경우에는 '열둘째, 스물둘째, 서른둘째'와 같이 쓰므로 혼동
이 없어야 한다.

"앞에서 **열두째** 줄 가운데에 앉은 학생이 영식이다."

"나는 앞에 놓인 귤을 **열둘째**(열두 개째) 집어 먹었다."

그러면 '첫 번째'와 '첫번째' 중 어느 쪽이 맞는 표기일까? 답은 '첫 번째'
로 띄어 쓰는 것이 맞다. '첫 번째'는 관형사 '첫'과 차례나 횟수를 나타내는
의존 명사 '번째'가 이어진 말이므로 아래와 같이 띄어 쓴다.

'**첫 번째, 두 번째, 세 번째, 네 번째 … 아흔아홉 번째 …**'

저기 **네 번째**에 서 있는 아이가 우리집 **셋째**야.

김치와 짠지

날씨가 쌀쌀해지면서 집집마다 김장 준비를 한다. 김장을 담그는 것은 고려시대 이전부터 내려온 우리 민족의 풍습이라고 한다. 채소를 구하기 힘든 겨울철에 미리 저장해 두고 겨울 내내 먹기 위한 방법으로 고안해 낸 것이 김장이리라.

김장의 어원은 '침장(沈藏)'으로, 소금물에 담가 저장한다는 뜻이다. 동치미는 '겨울 동(冬)'과, 김치를 나타내는 '침(沈)'을 붙여서 '겨울에 먹는 김치'라는 뜻인데 그것이 '동치미'로 바뀐 것이다.

김치를 담가 먹는 것은 채소를 오래 저장하기 위한 수단일 뿐만 아니라, 각종 무기질과 비타민 등의 영양소와 젖산균과 같은 몸에 유익한 것들을 섭취하기 위한 지혜로운 일이다.

김치의 어원은 '팀채(침채 沈菜)'이다. '소금물에 담가 절인 채소'라는 뜻이다. 이 '팀채'가 점차 변하여 '딤채'와 '김채'를 거쳐 오늘의 '김치'가 되었다.

필자 어렸을 때는 '짠지'라는 말을 썼었다. 집에서 짠지라는 말을 쓰다가 학교에 다니면서부터 남들이 '김치'라고 하는 것을 듣고 왠지 내가 하는 말이 촌스럽다는 느낌을 가졌던 기억이 있다. 그러다가 언제부턴가 나도, 우리 식구도 모두 김치라고 쓰게 되었다.

'짠지'는 촌스러운 말이 아니라 김치의 우리말 이름이다. '지'는 옛말 '디히'가 변한 말로, 저장하여 먹는 채소 음식을 가리킨다. '오이지', '단무지', '장아찌' 등에 이 말이 남아 있다. '장아찌'는 '장앳디히', 장(醬)에 절인 김치라는 뜻이다. '짠지'는 소금에 절여서 저장해 놓고 먹는 짠 김치라는 말이다. '짠지'는 표준말에서 빠졌다.

김장은 여럿이 모여서 함께 담근다. 함께 담그고 함께 나눠 먹는다. 우리네 오랜 인심이다.

점잖다, 같잖다

우리말 중에는 원래의 뜻이 변하여 다르게 쓰이는 말들이 있다.

　　"아까 그 사람 참 **점잖더구나**."

　　"너도 이제부터는 더욱 예의바르고 **점잖게** 행동해야 한다."

'점잖다'는 '젊지 않다'에서 온 말임에 틀림없지만 '젊지 않다(늙었다)'의 뜻으로 쓰이지 않는다. 대신 위의 예문에서와 같이 "언행이나 태도가 가볍지 않고 의젓하고 신중하다." 또는 "품격이 꽤 높고 고상하다."의 뜻으로 쓰인다. '젊지 않다'는 것은 "어리지 않다." 즉 "어린 사람처럼 가볍게 행동하지 않는다."는 의미로 쓰던 것이 더욱 확대되어 지금과 같은 뜻으로 쓰이게 된 듯하다. '점잖다'를 '젊잖다'나 '점잖타', '점잔타'로 표기하는 일이 없게 주의해야 한다.

이와 비슷한 성격의 말 중에 '같잖다(같지않다)'가 있다. '같잖다'는 '같지않다' 즉 '다르다'에서 온 말인데 본래의 뜻에서 벗어나 새로운 의미를 지닌 말이 되었다. "하는 짓이나 꼴이 제격에 맞지 않아 거슬리거나 아니꼽다." 또는 "말하거나 생각할 거리도 못 되다.""시시하고 하찮다."의 뜻으로 쓴다.

　　"그 애의 잘난 체하는 꼴이 **같잖다**."

　　"**같지않은** 일이라 생각조차 하기 싫다."

이처럼 본디말 '같지않다'의 형태로도, 준말 '같잖다'의 형태로도 다 쓰인다.

'심심찮다'도 있다. 이는 '심심하지 않다'에서 온 말인데 그 뜻이 달라져, "운전을 하다보면 교통법규를 어기는 차량들이 **심심찮게** 보인다."와 같이 "드물지 않고 꽤 잦다."의 뜻으로 쓴다.

말은 변한다. 말의 형태나 소리, 그리고 그 의미도 세월의 흐름에 따라 변한다. 말에도 역사가 있다

턱없는 소리

"**택없는** 소리 하지 마라."

"그건 **텍도 없는** 말이다."

이런 말들을 심심찮게 듣는다. 이것이 바른 말일까? '택(텍)없다'는 '**턱없다**'의 사투리이다.

'턱'은 의존명사로서 '마땅히 그리하여야 할 까닭이나 이치'를 뜻한다.

"그가 영문을 **알 턱이 없다.**"

"그 사람이 **올 턱이 있나.**"

'턱없다'는 '턱'에 '없다'가 붙은 형용사로서 '이치에 닿지 아니하거나 그럴 만한 근거가 전혀 없다.' '수준이나 분수에 맞지 아니하다.'라는 뜻으로 쓰인다. '턱없다'에서 파생된 '턱없이'도 쓰인다.

"유럽을 여행하기엔 돈이 **턱없이** 부족하다."

"그는 **턱없는** 실력으로 용케도 대학에 들어갔다."

'턱'에 보조사 '-도'를 넣으면 의미가 강조된다.

"돈이 **턱도 없이** 부족하다."

"**턱도 없는** 실력이다."

'무(無)턱대고'가 있다. '턱'이 없음(무턱)에 접미사 '-대고'가 결합하여 '잘 헤아리지 않고 마구'의 뜻으로 쓰인다.

"**무턱대고** 일을 벌이다가는 후회하기 일쑤이다."

'택없다, 텍없다'는 모두 표준말이 아니다. 무턱대고 말하면 안 된다.

껍질과 껍데기

'껍질'과 '껍데기'는 자주 혼동하여 쓰는 말들이다. 의미가 같아 보이지만 차이가 있으므로 바르게 알고 쓰자.

'껍질'은 '딱딱하지 않고 무른, 즉 단단하지 않고 여린 물체와 한 살이 되어 전체를 싸고 있는 물질의 켜'를 가리킨다. 즉 과일이나 양파의 겉과 같이 딱딱하지 않아 손이나 칼로 벗겨낼수 있는 물질을 말한다. **사과 껍질, 귤껍질, 양파 껍질**처럼 말이다. 흔히 '돼지 껍데기'를 구워 판다는 집이 있는데 **'돼지 껍질'**이라 써야 한다.

반면 '껍데기'는 (달걀이나 조개류)의 겉을 싸고 있는 딱딱하고 단단한 물질을 일컫는다. **'조개껍데기', '소라 껍데기', '달걀 껍데기'**들이다.

또 속 알맹이를 다 빼내고 겉만 남은 것도 껍데기라 부른다. **'이불 껍데기', '베개 껍데기', '과자 껍데기'** 등이다.

"계절이 바뀔 때마다 어머니는 이불과 베개 껍데기를 벗겨 빤다."

"아이들이 놀던 자리에는 과자 껍데기만 남아 있었다."

오랫동안 사람들이 즐겨 부르던 대중가요 "*조개껍질* 묶어 그녀의 목에 걸고 어쩌고"하는 노래 때문에 조개껍데기는 오래도록 그 존재성을 잃었었다. 이제는 껍데기를 되찾아주자.

'조개껍데기'는 '조개'와 '껍데기'가 결합하여 한 단어로 굳어진 합성어이므로 붙여 쓴다. '귤껍질'도 합성어이므로 붙여 쓴다.

실속 없이 허울만 좋은 것을 비유적으로 '빈껍데기'라 한다.

"외제차를 몰며 카드를 펑펑 써대던 그 남자가 사실은 **빈껍데기** 사기꾼이라는 것이 밝혀졌다."

사과 **껍질**을 말려
차를 만들어야지.

조개**껍데기** 묶어
그녀의 목에 걸자. ♫

설과 구정

음력으로 새해의 첫날인 설은 우리 민족에게 추석과 함께 가장 큰 명절이다. '설'은 순 우리말로서, 새해가 되어 '아직 익숙하지 않은 날' 또는 새해에 대한 낯섦을 의미한다고도 하며, '삼가고 조심하는 날인 신일(愼日)'의 뜻이 있다고도 한다.

또, '설'이란 말을 나이를 헤아리는 말로 해석하기도 한다. 해가 바뀌어 '설'을 쇨 때마다 나이를 한 살씩 더 먹는데, 이 '살'이 '설'에서 유래하여 바뀌게 된 것이라는 의견도 있다.

설날을 아직도 구정(舊正)이라 부르는 사람들이 있는가? 잘 알아야 할 사실이 있다.

일본이 우리나라에 대한 침략을 본격화하던 1896년 우리에게 자기네와 같이 태양력을 쓰게 하였고, 이어 일제강점기에 우리 민족문화 말살정책을 펴 우리의 설을 없애고 양력설로 대체하려 하였다. 그에 따라 사람들은 양력설을 신정(新正), 기존의 음력설은 '구정'이라는 말로 구별하여 부르게 되었다. 그러나 우리의 전통을 그대로 지키려는 대부분의 사람들이 음력설을 명절로 지켰다.

광복 이후 신정(新正)은 새해 첫날로, 구정은 명절로 여기는 이중과세(二重過歲)가 낭비성이 있고 국제화에 역행한다는 이유로 양력설을 쇠라고 공휴일로 지정하였지만, 국민들은 여전히 음력설을 지켰다.

1985년에 음력설을 '민속의 날'로 이름 붙였다가, 1989년에 '설'이라는 고유의 이름을 되찾아 쓰기로 하였다.

'**설**', 오랜 아픔 뒤에 되찾은 소중한 우리 것의 이름이다. '**구정**'이란 말은 더 이상 쓰지 말자.

설날, 우리는 **설빔**을 입고 세배를 드린다.

띠다, 띄다, 떼다

'띠다', '띄다', '떼다'는 비슷하게 생겨 자주 틀리는 말들이다. 분명히 알고 바르게 쓰자.

'띠다'는 '띠'에서 파생된 말로서 여러 의미로 쓰인다.

"태권도 검은 띠를 **띤** 모습이 늠름하다." (허리에 두르다)

"그는 중요한 사명을 **띠고** 찾아왔다." (용무나 사명을 지니다)

"봄에는 노란 빛을 **띤** 작은 꽃들이 피어난다." (빛깔을 가지다)

"어머니의 미소 **띤** 얼굴이 떠오른다." (감정, 표정 등을 나타내다)

"그의 소설은 실존주의적인 성격을 **띤다**." (어떤 성질을 나타내다)

'띄다'는 '뜨이다'의 줄임말로 '눈에 보이다, 두드러지다'의 뜻인데, [띠:다]로 발음한다.

"좋아하는 사람은 아무리 멀리 떨어져 있어도 눈에 **띈다**."

"읽고 있는 책에서 오자가 눈에 **띄었다**."

"요즘 그의 행동이 눈에 **띄게** 달라졌다."

'떼다'도 여러 의미를 가진 다의어이다.

"선거가 끝나서 벽보를 **떼었다**." (붙었던 것을 떨어지게 하다)

"아기가 걸음을 **떼었다**." (발을 옮겨놓기 시작하다)

"모두들 그가 입을 **떼기**를 기다렸다." (말을 시작하다)

"나는 소년에게서 눈을 **뗄** 수 없었다." (보던 눈길을 돌리다)

"동생을 **떼어** 놓고 놀러 나가기가 힘들다." (따로 있게 하다)

"그는 매주 도매점에서 물건을 **떼어** 온다." (장사할 물건을 사다)

의미를 정확하게 아는 것이 바른 말과 바른 글쓰기로 이어진다.

슬픈 빛을 **띤** 소녀의 모습이
멀리서도 눈에 **띈다**.

가까이서 소녀상을 본 순간
나는 입을 **뗄** 수가 없었다.

붇다, 붓다

"**불은** 라면과 **붇지** 않은 라면 중에 어느 것을 좋아하세요?"

'불은'과 '붇지'가 같은 말인데 형태가 다른 이유가 무엇일까?

'물에 젖어서 부피가 커지다, 분량이나 수효가 많아지다'의 뜻을 가진 '**붇다**'는 어간 '붇' 뒤에 자음이 오면 '붇고, 붇지, 붇는'과 같이 '붇' 그대로 발음된다. 그러나 모음이 오면 '불어, 불은, 불으면'과 같이 어간 '붇'이 '불'로 바뀌는 'ㄷ'불규칙동사이다.

"홍수로 강물이 더 **붇기** 전에 대피하자."

"나 요즘 몸이 많이 **불었어**."

"재산이 **붇는** 재미에 일이 힘든 줄 모르겠다."

'**붇지 않은 라면**'이나 '**강물이 불기 전에**'와 같이 쓰면 안 된다.

'붇다'와 같은 'ㄷ'불규칙동사로 '싣다'가 있다.

"그들은 짐을 싣기 시작했다." "짐을 다 실었으면 출발하자." 라고 쓴다.

"짐을 실기 시작했다."라고 쓰면 틀린 말이 된다.

"어제 라면을 먹고 잤더니 얼굴이 퉁퉁 **불었다**." 이렇게 말하는 사람들이 있다. 얼굴은 '불은' 것이 아니고 '부은' 것이다. '살가죽이나 어떤 기관이 부풀어 오르다'는 '**붓다**'이다.

'붓다'는 어간 '붓'에 자음이 연결되면 '붓'으로, 모음이 오면 '붓'의 'ㅅ'이 없어지는 'ㅅ'불규칙동사이다.

"얼굴이 **부었어요** **붓지** 않는 방법을 알려주세요."

'붓다'와 같은 'ㅅ'불규칙동사로 '긋다', '잇다', '젓다' 등이 더 있다.

"점을 **이어서** 선을 **그었다**." "노를 **저어라**."

귀먹다, 애먹다

"할머니께서 *귀잡수셔서* 못 알아들으십니다."
"더운데 오시느라 *애잡수셨겠어요.*"

이런 우스꽝스러운 말을 더러 듣는다. '귀잡수시다'와 '애잡수시다'는 틀린 말이다. 이 말들에 들어 있는 '먹다'는 음식을 먹는다는 말이 아니므로 '잡수시다'라고 하면 안 된다.

'귀먹다'는 '귀가 막혀 제 기능을 하지 못하다'의 뜻이다. 여기서 '먹다'는 '막히다'의 옛말 형태이다. '귀먹다'를 높임말로 쓸 때는 '귀먹으시다'라고 해야 한다.

흔히 앞뒤 꽉 막힌 사람이나 그러한 특성을 가진 물건을 '먹통'이라 부르는데, '먹통'의 '먹'도 '귀먹다'의 '먹다'와 어원이 같다.

'귀먹다'는 '귀를 먹다'나 '귀가 먹다'처럼 조사를 붙여서 쓰기도 한다.

"할머니께서 **귀먹으셔서**" 또는 "**귀가(를) 먹으셔서** 못 알아들으십니다."
라고 쓴다.

'애먹다' 또는 '애를 먹다'는 '속이 상하도록 어려움을 당하다.'의 뜻이다. 이때의 '애'는 '걱정에 싸인 초조한 마음 속' '마음과 힘의 수고로움'을 뜻한다.

"삐쳐 있는 아이를 달래느라 **애를 먹었다.**"
"그 아이는 말썽을 자주 부려 부모를 **애먹인다.**"
'애먹다'를 높임말로 쓸 때는 '애먹으시다'라고 해야 한다.
"더운데 오시느라 **애먹으셨겠어요.**"

홑몸과 홀몸

"**홑몸**도 아닌데 이렇게 힘든 일을 하다니."
"제 아내가 지금 **홑몸**이 아니어서 제가 요리를 다 합니다."
"그는 사고로 가족을 잃고 **홑몸**(홀몸)이 되었다."
"젊어서 **홑몸**(홀몸)이 된 어머니는 우리 남매를 힘들게 키우셨다."
"봉사단은 매달 **홑몸**(홀몸) 어르신을 방문해 청소를 해 드린다."

사람들이 헷갈려 틀리게 쓰는 말 가운데 홑몸과 홀몸이 있다. 위의 예문에 쓰인 '홑몸'과 '홀몸'의 뜻을 알고 정확하게 구분하여 쓸 수 있는가?

'홑몸'은 '딸린 사람이 없는 몸'과 '임신하지 않은 몸'이라는 뜻이다. 반면 '홀몸'은 '배우자나 형제가 없는 사람'을 뜻한다.

아내가 임신한 몸이라는 의미는 "내 아내는 홑몸이 아니다."로 써야 맞는 표현이 된다.

위의 예문에서와 같이 사고로 가족을 모두 잃은 사람에게는 '홀몸'과 '홑몸' 모두 쓸 수 있다. 젊어서 혼자의 몸이 된 어머니, 배우자와 단 둘만 있다가 배우자를 잃은 노인들의 경우에도 '홀몸'과 '홑몸' 모두 쓸 수 있다.

'홑'은 '겹'과 대립하는 말로, '한 겹으로 된' 또는 '하나인, 혼자인'의 뜻을 더하는 접두사이다. '**홑저고리, 홑치마, 홑바지, 홑옷, 홑이불, 홑몸**' 등이 있다.

'홀'은 '짝'과 대립되는 말로, '짝이 없이 혼자뿐인'의 뜻을 가진 접두사이다. '**홀아비, 홀어미, 홀시아버지, 홀시어머니, 홀몸노인**' 등으로 쓰인다.

배우자나 자녀 없이 혼자 살아가는 노인을 '홀몸노인'이라 하는데 이 말을 높여서 '홀몸 어르신'으로도 쓴다.

서른여섯 살

"저는 올해 *삼십여섯* 살입니다."

"아버님 연세가 *팔십여덟* 세이십니다."

"*573(오백칠십삼)*돌 한글날을 맞다."

이런 표현들을 자주 듣는다. 어딘가 어색하고 듣기 불편하다. 이유가 무엇일까?

앞 두 문장의 '삼십여섯(三十여섯)', '팔십여덟(八十여덟)'은 한자말과 우리말이 합쳐진 형태여서 어색하다. 이 말들이 자연스러우려면 '서른여섯', '여든여덟'이라 우리말로 통일하든지, '삼십육', '팔십팔'과 같이 한자말로 통일해서 써야 한다. 이때 뒤에 오는 '살'은 우리말이므로 '**서른여섯 살**'로, '세(歲)'는 한자말이므로 '**팔십팔 세**'와 같이 쓰는 것이 자연스럽다.

세 번째 문장의 '573(오백칠십삼) 돌'의 경우를 보자. '돌'이 '일주년'을 뜻하는 우리말이므로 '**오백일흔세 돌**'이라 써야 한다. 한자말로 쓰려면 '오백칠십삼 주년'으로 뒷말도 한자말로 바꾸어 쓰는 것이 자연스럽다.

"나는 그 사람과 오후 *2시*에 만나기로 했다."

"그곳에 *5사람*이 모여 있었다."

"그는 전문가 *3분*과 토론을 벌였다."

이런 문장들은 어떤가? 편리성 때문에 숫자를 쓸 때가 많다. 그러나 위 문장들을 읽으면 '오후 2(이)시', '5(오)사람', '3(삼)분'이다. 뜻이 통하지 않는 웃긴 말이 된다.

'오후 **두** 시' '**다섯** 사람' '**세** 분'과 같이 우리말로 쓰고 띄어 써야 바른 글이 된다. 숫자를 쓸 때는 반드시 읽어 보고 확인하는 주의가 필요하다.

산 넘어 산

갈수록 더욱 어려운 지경에 놓이게 되는 경우를 비유적으로 말할 때 '산 넘어 산'일까, '산 너머 산'일까? '넘어'와 '너머'는 소리가 같고 둘 다 '넘다'에서 나온 말이어서 헷갈린다.

'넘어'는 '넘다'의 활용형으로서, "일정한 시간, 시기, 범위 따위에서 벗어나 지나다(열 시가 넘었다)." "높은 부분의 위를 지나가다(담을 넘다)." "경계를 건너 지나다(국경을 넘다)."와 같이 움직임을 나타내는 동사이다.

　　"실패를 **넘어**(서) 도전으로"

　　"창문 **넘어**(서) 도망친 100세 노인"

'넘어'는 위와 같이 '서'를 붙여 '넘어서'로 쓰기도 한다.

'너머'는 "(산처럼 높은 것이나 경계로 가로막은) 사물의 저쪽"을 가리키는 명사이다. 장소를 뜻하는 조사 '에(에서)'가 붙을 수 있다.

　　"아득한 저 **너머**에서 찾은 삶의 의미"

　　"산 **너머**(에 있는) 남촌"

'넘어'를 써야 할 지, '너머'를 써야 할 지 헷갈릴 때는 '넘어'에 어미 '서'를 붙여 '넘어서'로 연결해 보거나, '너머'에 장소를 나타내는 조사 '에(서)' 또는 '에 있는'을 붙여 보아 뜻이 통하는 것을 선택해 쓰면 틀림이 없을 것이다.

그러면 '**산 넘어 산**'은 어떤가? 어려운 고비를 겨우 넘겼는데 이어서 또 다른 어려움이 닥친다. 이때는 '산 너머에 있는 산'을 가리키는 것이 아니라, "산(을) 넘어서 (이제 되었구나 했는데 또 다른) 산(이 앞에 놓여 있다)."이라는 말이므로 '넘어'를 써야 한다.

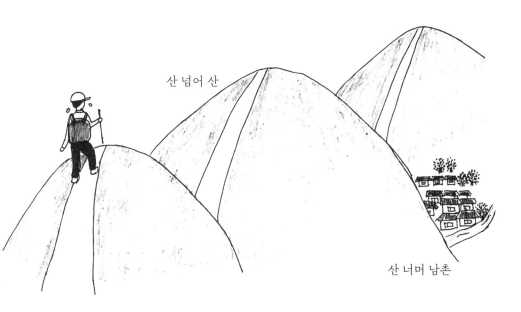

산 넘어 산

산 너머 남촌

2장

알고 쓰자 한자말

축복합니다

"오늘 이렇게 우리 모두가 한자리에 모여 당신의 앞길을 **축복합니다**."

(들국화, 축복합니다)

'축복합니다'는 참 아름다운 말이다. '축복(祝福)'은 '빌 축(祝)'과 '행복 복(福)'으로 '복을 빎'의 뜻이다. 누군가가 행복하기를 비는 일은 아름답고 복된 일이다.

그런데 '*하나님의 축복*', "*하나님, 축복해 주옵소서.*"와 같이 쓰는 사람들을 본다. 복을 내리는 주체는 하나님이시다. 하나님에게 복을 빌어달라니, 하나님이 누구에게 복을 달라고 빈다는 말인가? 말이 되지 않는 표현이다.

이것은 '축복하다'를 '복을 내리다'의 뜻으로 잘못 알고 쓰는 것이다.

하나님은 복의 근원으로서 사람에게 복을 베푸시는 분이지 누구에게 복을 빌어서 간접으로 사람에게 전해주는 분이 아니다. 그러므로 하나님보고 축복해 달라고 해서는 안 된다. 그러면 하나님께 어떻게 기도해야 할까? 이렇게 해야 한다.

"하나님, 복을 주옵소서." "주님, 그들에게 복을 내려 주옵소서."

축복은 사람이 사람에게 하는 행위이다.

"당신의 앞날을 **축복합니다**."

"두 사람은 많은 사람들의 **축복을 받으며** 혼례를 올렸다."

어느 교회에 "하나님의 이름으로 서로를 축복하면 하나님이 복을 주십니다."라는 표어가 적혀 있는 것을 보고 안도감과 기쁨을 느꼈다.

둘은 사람들의
축복 속에 혼례를 올렸다.

두 분의 앞날을
축복합니다.

하나님이
축복해 주시기를
빕니다.

행복하시길
기도합니다.

아닙니다.
하나님이
복을 주시기를
빌어주세요.

감사합니다.

삼촌과 사돈

아이들이 아버지의 남동생을 흔히 '삼춘'이라 부른다. 삼촌과 삼춘 중에 어느 쪽이 맞는 말인지 잘 모르는 사람들도 있다.

'삼춘'은 잘못된 발음으로서, '**삼촌**(三寸)'이 맞는 말이다. '삼촌'은 아버지의 형제와 나와의 촌수를 나타내는 말이어서, 엄밀히 말하자면 대상을 부르는 호칭이 아니다.

아버지의 형제에 대한 호칭은 큰아버지, 작은아버지 또는 백부(伯父), 숙부(叔父)가 있다. 그리고 아버지의 여형제는 고모이다. 어머니의 형제에 대한 호칭은 위, 아래 상관없이 '외숙부' 또는 '외삼촌' '이모' 등이다. 나와 삼촌(3寸) 관계에 있는 사람으로, 위 항렬에는 백부, 숙부, 고모, 이모 등이 있고 아래로는 조카들이 있다. 그중 부모의 남자 형제에게만 국한하여 삼촌이라는 촌수로 부르는 것이 관습이 된 것이라 본다.

'**삼촌**'을 '**삼춘**'으로 발음하는 것처럼, 원음과 달리 발음하게 된 말이 '**사둔**'이다. 사둔은 '**사돈**(査頓)'의 잘못된 발음이다.

또 잔칫집이나 상(喪)을 당한 집을 도와주기 위해 보내는 돈이나 물건을 '**부조**(扶助)'라 하는데, 이 역시 어원에서 벗어나 '**부주**'라고 쓰는 경우가 많다. 부주도 틀린 말이다. '삼촌'이 '삼춘'으로, '사돈'이 '사둔'으로, '부조'가 '부주'로 발음되는 것은 이 말들이 한자어라는 걸 사람들이 잊으면서 발음이 바뀐 것이다. 그러나 이 말들은 어원에 대한 의식이 남아 있으므로 원음대로 적는 것을 표준어로 삼고 있다.

이와는 달리 변한 말을 표준어로 삼은 경우도 있다. '고추'의 어원은 '고초(苦草)'이다. 그것이 점차 '고추'로 바뀌어서 어원에 대한 의식 없이 사용하게 되었으므로 고추를 표준어로 삼았다. '호도(胡桃)'가 '호두'로 바뀐 것도 같은 예이다.

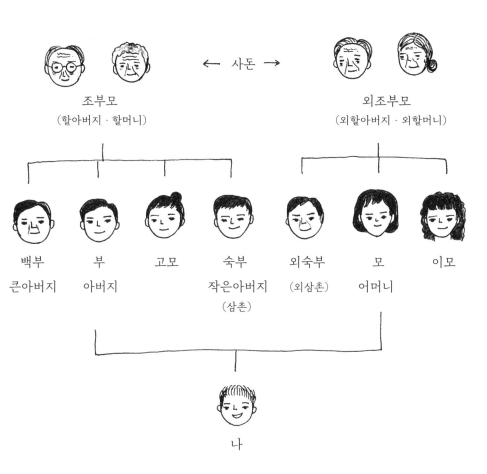

이송과 후송

"코로나19 확진자를 국가 지정 격리 병원 음압 병상으로 **이송했다.**"

"A씨는 확진 판정을 받고 발열에다 폐렴 증세가 있어 21일 오후 대학 병원으로 *후송됐다.*"

코로나19에 관한 뉴스가 자주 나온다. 이때 확진자나 감염 의심자를 병원으로 옮기는 것을 이송 또는 후송했다고도 한다. '이송'은 문제가 없지만 '후송'은 적합하지 않다. '후송(後送)'이란 적군과 맞대고 있는 전방에서 부상자나 포로가 생겼을 때, 후방으로 보낸다는 말로 전쟁 때 많이 쓰는 말이다.

"그는 전쟁터에서 부상을 당해 병원으로 **후송되었다.**"

"포로 중 한 명이 **후송** 도중 도주하였다."

휴전선 부근 전방부대에서 아래와 같은 경우에도 쓸 수 있겠다.

"공동경비구역을 지키던 병사 하나가 다치자 병원으로 급히 **후송하였다.**"

다음과 같이 한 쪽에서 다른 쪽으로 옮기는 것을 후송이라 쓰는 것은 적합하지 않다.

"응급환자가 제주해경에 의해 긴급 *후송됐다*(→ **이송됐다** → 옮겨졌다)."

"범죄자나 용의자를 다른 곳으로 *후송할*(→ **이송할** → 옮길) 때에 호송차량을 이용한다."

이송(移送)은 다른 데로 옮겨 보낸다는 뜻이다. 법원이 재판에 의하여 소송 사건을 다른 법원으로 옮길 때도 '이송'이라 한다.

"피의자를 서울 서초동 법원으로 **이송하여** 영장심사를 할 예정이다."

잘 모르는 이송이니 후송이니 하는 한자말보다 우리말 '**옮기다**'로 쓰면 아무 문제가 없다.

부상자를 병원으로 **후송**하다.

이송하다. → **옮기다.**

유착

과거에 정경 유착이라는 말을 수없이 들었었는데 요즘 또 유착이란 말이 자주 들린다.

> "가수 정○○ 등의 불법 촬영물 유포와 ○○○ 폭행 사건, 마약 유통 및 투약, ○○○과 경찰 간 유착 의혹 등에 대해서 경찰이 이미 수사 중이다."

'유착(癒着)'의 한자의 뜻은 '병적으로 달라붙음'이다. 의학용어로서 '서로 떨어져 있는 피부나 막 등이 염증이 생겨서 서로 들러붙는 것'을 말한다. 예를 들면 장과 장, 또는 장과 복벽이 서로 엉켜 붙는 현상을 장 유착이라 하는데, 유착이 심해져서 장 폐색(장이 막힘)이 되면 음식물과 소화액, 가스 등 장의 내용물이 통과하지 못하는 치명적인 상태에 이른다. 치료를 위해 유착된 장을 분리시키는 수술이 필요하다.(의학사전 참고)

'정경 유착'이란 말은 경제계와 정치권이 부정을 고리로 연결되어 있는 경우를 일컫는 말로 사용되었다. 최근에는 '유착'이란 말이, 나쁜 짓을 한 사람들이 공직자들과 얽힌 부정적 관계를 뜻하는 말로 빈번히 쓰이고 있다.

'유착'은 우리말로 **'엉겨붙음'**이다. 잘못을 저지른 사람들이 죄의 대가를 치르지 않고 빠져나가려고 공권력을 가진 사람들과 부정한 방법(병적)으로 엉겨 붙었다는 말이다.

우리 사회가 이미 염증이 생겨 잘못 엉겨붙은 것들이 많다. 이것이 심해져서 아주 막히기 전에 곪고 엉겨 붙은 것들을 깨끗이 도려내는 수술이 필요하다.

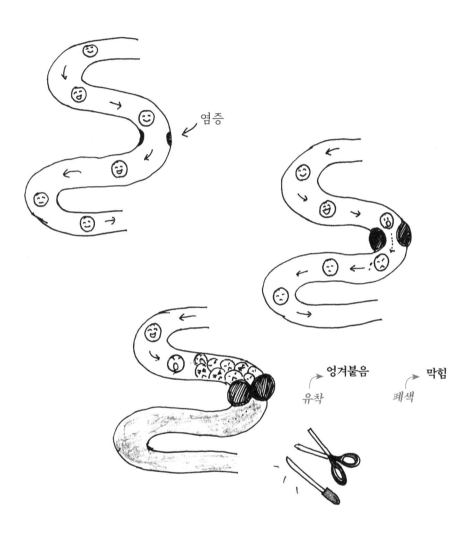

염증

엉겨붙음

유착

막힘

폐색

미망인

"… 보훈 **미망인** 위안행사를 열었다고 밝혔다. 이번 행사는 6월 호국 보훈의 달이 다가옴에 따라 국가 유공자의 희생에 대해 보답하고 위로하기 위해 개최됐다. 협의회는 이날 **미망인**들을 위로하고 격려하기 위해 오찬 및 기념품을 제공하고 …"

보거나 들을 때마다 가슴 아픈 말이 있다. '미망인'이다. 미망인(未亡人)이란 '아직 죽지 못한 사람'이라는 뜻의 한자말이다. 남편을 따라 죽어야 하는데 아직 죽지 못하고 있는 사람이란 뜻으로, 남편을 여읜 여인이 스스로를 겸손하게 일컫는 말이다.

'미망인'이란 말은 옛날 순장(殉葬)의 풍습에서 유래하였다. 순장이란 어떤 사람의 죽음을 뒤따라 다른 사람이 스스로 목숨을 끊거나, 아니면 주위 사람을 강제로 죽여서 그 시체와 함께 묻는 장례 문화이다. 고대에 신분의 차이가 생기고 가부장 질서가 확립된 이후 왕이 죽으면 왕비를 비롯하여 주위에 있던 신하와 시종들을, 남편이 죽으면 아내를 함께 묻었다. 이는 죽은 뒤 내세에서도 현세와 같은 삶을 살 것이라 믿었기 때문이다. 세계 널리 존재했던 순장은 비인간적이고 잔인한 습속이라는 인식이 생겨 점차 사라졌다.

사회가 변함에 따라 순장의 풍습이 사라진 지 오래 되었고, 그런 의식을 가진 사람조차 없을 터인데도 말은 남아 그 말의 본래의 의미를 모르는 사람들이 무심히 사용하는 것이다. 더욱이 남들이 홀로 된 여자들을 가리켜 미망인이라고 지칭하는 것은 해서는 안 되는 일이다. 무서운 언어폭력이다.

과부(寡婦)라는 말도 '부족한 여자', 즉 남편이 있어야 하는데 그렇지 못한 여자라는, 곱지 못한 말이므로 쓰지 않는 게 좋겠다.

'고(故) ○○○**님의 부인** ○○○님'과 같이 쓰면 된다.

부식일체, 일절 사절

어느 반찬가게에 '부식일절'이라 쓴 것이 눈에 띄었다. 아직도 이렇게 쓰는 사람이 있구나 싶어 웃음이 나왔다.

한자 '一切'의 '切'은 '체'와 '절' 두 가지로 읽고 의미가 상반되게 쓴다.

'일체'라고 쓸 때는 명사로서는 '모든 것, 모두, 전부'의 뜻이다.

　　"**일체의** 책임을 내가 지겠다."

　　"그는 행사에 필요한 **물품 일체**를 제공하였다."

　　"그는 평생 모은 **재산 일체**를 사회복지를 위해 내놓았다."

부사로 쓰일 때는 '모든 것을 다', '완전히'의 뜻으로 쓰인다.

　　"걱정은 **일체** 벗어 던지고 여행을 떠나자."

　　"그는 좋은 것을 **일체** 가지고 태어났다."

'일절'로 읽을 때는 '전혀, 도무지'의 뜻으로, 사물을 부인하거나 금지하는 등 부정적인 의미로 쓰는 말이다.

　　"그가 떠난 후 **일절** 소식이 **없다.**"

　　"나쁜 짓은 **일절** 하지 **마라.**"

　　"출입을 **일절** 금합니다."

　　"우리 가족은 그날부터 그 일에 대해서 **일절** 입 밖에 내지 **않았다.**"

와 같이 부정의 의미를 가진 말과 어울려 쓴다.

부식은 반찬이고, 온갖 반찬을 다 갖추고 있다고 하려면 '부식일체'라고 해야 한다. 그보다는 그냥 '**반찬 있음**'은 어떨까?

또 "**부정한 선물은 일절 사절이다.**"에서와 같이 '일절 사절'은 절대로 받지 않겠다는 말이다. "**뇌물은 받지 않습니다.**" 이렇게 쓰면 좋지 않을까?

결제와 결재

자주 사용하는 '결제'와 '결재'를 잘 구분 못하고 쓰는 사람들이 있다.

'결제(決濟)'는 증권이나 대금을 주고받아 매매 당사자 사이의 거래 관계를 청산하는 것을 뜻한다. 쉽게 말해 돈을 낸다는 말이다.

> "**현금으로 결제**하시겠어요?"
> "그 회사는 **어음을 결제**하지 못해 결국 부도 처리가 됐다."
> "카드 사용하신 대금은 매월 지정하신 날에 **결제**됩니다."

'결재(決裁)'는 책임 있는 윗사람이 부하가 제출한 안건이나 서류를 허가하거나 승인한다는 뜻이다.

> "드디어 **사장의 결재**가 났다."
> "나 오늘 이 **서류** 작성해서 **결재** 받아야 돼."
> "**결재**를 할 때 요즘은 도장 대신 서명을 한다."

와 같이 쓴다.

발음이 비슷하여 혼동이 있으니 국립국어원에서 권장한 대로 '결재'를 '재가(裁可)'로 순화해서 쓰는 것이 좋겠다.

> "사장님의 **재가를 받아** ○○대금을 **결제했다**."

현금 결제

카드 결제

휴대폰으로 **결제하다**.

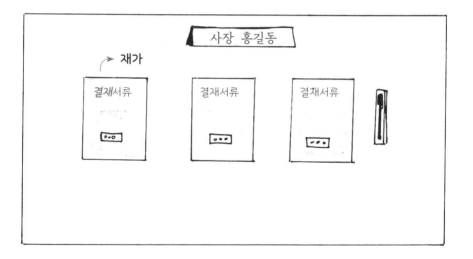

경신과 갱신

"올여름, 최장 장마 기록이 **경신됐다**."
"코로나 사태 이후 처음으로 위중·중증 등의 중환자가 사흘 연속 최고치를 **경신하고 있다**."

'경신'의 한자는 '更新'이다. 그런데 이것은 쓰임새에 따라 '갱신'으로도 읽는다. '경신'으로 읽을 때는 '이미 있던 것을 고쳐 새롭게 함'('고침'으로 순화), '기록경기 따위에서 종전의 기록을 깨뜨림' 그리고 '어떤 분야의 종전 최고치나 최저치를 깨뜨림'의 뜻으로 쓰인다.

"스피드 경기는 **기록의 경신**에 관심이 집중되는 종목이다."

한편 '갱신'으로 읽을 때는 '법률관계의 존속 기간이 끝났을 때 그 기간을 연장하는 일'을 뜻한다.

"나 **여권** 만료일이 다 돼서 **갱신** 신청하려고 해."
"**운전면허**는 일정 기간이 지나면 **갱신해야** 한다."

또 갱신이 컴퓨터 관련 용어로서 쓰일 때는 '기존의 내용을 변동된 사실에 따라 변경 · 추가 · 삭제하는 일'을 뜻하기도 하며 '시스템의 갱신' '파일의 작성 및 갱신'처럼 쓰이는데, 이때의 '갱신'은 국립국어원에서 '다시 고침'으로 순화하였다.

"시스템을 **다시 고침**"
"파일 작성 및 **다시 고침**"과 같이 쓰는 것이 좋겠다.

기록을 **경신하다**.

여권 갱신

컴퓨터 시스템 갱신

→ **다시 고침**

파일 **다시 고침**

의사와 열사

영화《1987》의 영향으로 다시 불리는 이름이 있다. '박종철 열사'이다. 새삼 '열사'란 어떤 사람을 일컫는 말인가 궁금하여 묻는 사람들이 있어 정리해 보려 한다.

우리는 나라와 민족이 어려움에 처해 있을 때 이를 구하기 위하여 힘쓰거나 외세에 대항하다가 의롭게 돌아가신 분들을 가리켜 '열사' 또는 '의사'라 부른다. 사전을 보면 '열사(烈士)'는 '나라를 위하여 절의를 굳게 지키며 충성을 다하여 싸운 사람', '의사(義士)'는 '나라와 민족을 위하여 제 몸을 바쳐 일하려는 뜻을 가진 의로운 사람'이라고 풀이되어 있는데, 이것으로는 그 의미의 차이를 명확하게 알기 어렵다.

국가보훈처에서는 **열사**를 '**맨몸으로써 저항하여 자신의 지조를 나타내는 사람**'으로, **의사**는 '**무력(武力)으로써 항거하여 의롭게 죽은 사람**'으로 구분하여 사용한다.

다시 말하면 의사(義士)는 나라와 민족을 위하여 항거하다가 의롭게 죽은 사람으로서 주로 무력으로 싸우다 죽은 사람을 뜻한다. 안중근 의사, 윤봉길 의사, 이봉창 의사 등이 그 예이다.

이에 비해 열사(烈士)는 나라와 민족을 위하여 저항하다가 의롭게 죽은 사람으로, 주로 맨몸으로 싸우다 죽은 사람을 가리킬 때 쓴다. 이준 열사, 유관순 열사, 민영환 열사, 현대에 와서는 박종철 열사, 이한열 열사 등이 그 예가 된다.

그렇다면 '**지사(志士)**'는 어떤 사람을 가리키는 말일까? '나라와 민족을 위하여 제 몸을 바쳐 일하려는 뜻을 가진 사람'으로 의사나 열사와 크게 차이가 없지만, 특별히 **나라의 독립을 위해 헌신한 분**들을 일컬을 때 쓴다. '애국지사 김구 선생', '우국지사 김원봉 선생'과 같이 쓴다. 의사나 열사는 사후 추증하는 것이고 지사는 생전에도 붙일 수 있는 말이다.

안중근 **의사**

大韓國人

유관순 **열사**

백안시하다

"생명의 소중함마저 **백안시하는** 살풍경한 세태 교정을 이제라도 시
작할 때다."
"범죄를 저지른 그를 사람들이 **백안시하는** 것은 당연한 일이다."

뉴스를 읽다 보면 '백안시하다'라는 표현이 눈에 자주 띈다.
'백안시하다'는 남을 업신여기거나 무시하는 태도로 흘겨본다는 뜻이다.
백안(白眼)은 눈을 흘겨보거나 부릅뜰 때 흰자위가 많이 보인다 하여 그러
한 모습을 의미한다. 이 말에는 유래가 있다.

노장(老莊)의 철학에 심취하여 대나무 숲속에 은거하던 죽림칠현(竹林七
賢) 중에 완적이라는 사람이 있었다. 그는 틀에 박힌 예법에 얽매인 지식
인을 보면 속물이라 하여 **백안시했다.** 어느 날 역시 죽림칠현의 한 사람
인 혜강의 형 혜희가 완적을 찾아왔다. 그러나 완적이 업신여기며 상대
해 주지 않자 혜희는 당혹감을 감추지 못하며 도망치듯 돌아갔다. 이처
럼 상대가 친구의 형일지라도 완적은 그를 세속적인 지식인이라고 여
겨 청안시(靑眼視)하지 않고 **백안시했던** 것이다. (진서 완적전)

잘 모르는 한자어를 쓸 게 아니라, 아래와 같이 '**업신여기다**', '**무시하다**',
또는 '**곱지 않은 눈으로 보다**'라는 말로 표현하는 것이 좋겠다.

"생명의 소중함마저 **업신여기는** 살풍경한 세태 교정을 이제라도 시
작할 때다."
"범죄를 저지른 그를 사람들이 **곱지 않은 눈으로 본다.**"

친구를 때린 아이를
백안시한다.

↘ **곱지 않은 시선으로 본다.**

좌시하지 않겠다

"'아이를 볼모로 실력 행사하는 사립 유치원, *좌시하지 않겠다.*' 김 의장은 '사립유치원 단체가 우리 아이들을 볼모로 실력 행사를 하고, 학부모들을 불안하게 만들고, 아이들의 학습권을 위태롭게 하는 일은 앞으로 일어나서도 안 되며 정부는 이를 *좌시하지 않을 것*이라고 경고했다."

뉴스 보도에서 자주 나오는 말로서 접할 때마다 귀에 거슬리는 말들이 있다. 그 중의 하나가 '좌시하다'라는 말이다.

'좌시(坐視)하다'는 한자에서 온 말이어서 '좌시'라고 들었을 때 그 뜻이 바로 전달되지 않고 머릿속에서 해석을 거쳐야 의미가 통하는 말이다. '좌시'는 '앉아서 보기만 함'. '그냥 보고만 있음'의 뜻이다. 이 말을 이미 국립국어원에서 **보고만 있음**으로 순화하여 쓰자고 국민에게 권고한 지 오래다.

이렇게 쓰면 자연스럽다.

"이러이러한 사립유치원 **그냥 두지 않겠다.**"

"정부가 이것을 **보고만 있지 않을** 것이다."

"그가 하는 짓이 더 이상 **두고 볼 수 없을** 만큼 위태롭다."

"이러이러한 일에 대해 **가만있지 않겠다.**"

이게 우리말이다.

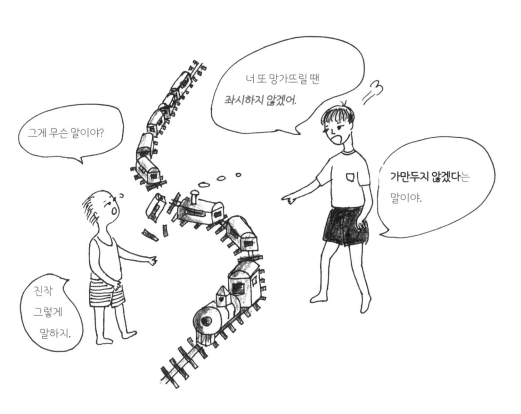

망언

요즘 각종 보도에 '망언(妄言)'이라는 말이 쏟아져 나온다.

"일본 외무상은 수년째 '독도는 일본 땅'이라는 **망언**을 이어갔습니다."
"한일관계 일련의 문제의 원인은 '한국의 상식 결여에서 비롯'되었다는 일본 **망언자**들, 하늘을 땅이라 하고, 땅을 하늘이라 주장하는 것과 다르지 않아."

'망언(妄言)'은 '이치나 사리에 맞지 아니하고 망령되게 말함. 또는 그 말'을 뜻한다. '망령(妄靈)되다'는 '늙거나 정신이 흐려서 말이나 행동이 정상을 벗어난 데가 있다.'는 뜻이다.

한 마디로 '이치나 사리에 맞지 않고, 정상이 아닌 말'을 가리켜 '망언'이라 한다.

'망언'은 '**허튼소리**' 또는 '**헛소리**'로 순화하여 쓸 수 있다.

"일본의 **허튼소리** 뒤에는 사무라이 정신이 있다고 누군가 말했다."
"일본의 **헛소리꾼**들이 독도를 자기네 땅이라고 떠들어댄다."

'망언'이라고 하는 것보다는 이렇게 '헛소리'나 '허튼소리'로 쓰는 것이 의미가 훨씬 더 가깝게 와 닿는다. 우리말이기 때문이다.

섭씨와 화씨

날씨가 따뜻해졌다. 지난주에 영하로 떨어졌던 기온이 섭씨 20도 가까이 오른다는 예보를 듣고 묵은 친구를 불러내서 수변공원을 걸으며 봄의 따스한 기운을 깊이 들이마셨다.

사람들은 많은 것을 수치로 나타내고 수치로 이해한다. 공기의 온도도 마찬가지다. 섭씨 몇 도라고 하면 대략 기온이 어느 정도인지 알 수 있다는 말이다. 그런데 온도를 나타내는 '섭씨'는 무슨 말일까?

섭씨온도는 물이 어는점을 0℃로 하고 끓는점을 100℃로 하여 기준으로 삼고, 그 사이 간격을 100으로 나눈 온도를 말한다. 섭씨온도를 영어로 'Celsius temperature'라고 하는데, 이는 1742년에 섭씨온도의 기준을 정하여 제시한 스웨덴의 천문학자 **셀시우스**(Celsius)의 이름을 따서 붙인 말이다. 이것을 중국에서 한자음으로 '攝氏(섭씨)'라고 표기한 것을 우리가 들여와서 우리식의 발음으로 '섭씨'라고 쓰는 것이며, 간략히 0℃, 20℃와 같이 표시한다.

또 **화씨**온도라는 것도 있다. 이것은 1720년경에 독일의 물리학자 **파렌하이트**(Gabriel Daniel Fahrenheit)가 처음으로 제안한 온도의 단위이다. 그는 물이 어는 온도와 끓는 온도 사이를 180 등분해서 온도 단위를 정했는데, 물이 어는 온도를 0℃로 한 것이 아니라, 그 당시에 사람이 만들 수 있는 가장 차가운 온도인 소금물이 어는 온도를 0℃로 정했다. 그렇게 해서 순수한 물이 어는 온도가 32℃, 끓는 온도가 212℃가 되었다. 이것 사이의 간격을 180으로 나눈 온도가 화씨온도이다. 이것을 학자의 이름을 따 영어로 'Fahrenheit's temperature'라고 하며, 우리나라에서는 섭씨온도와 마찬가지로 한자음을 가져와 '화씨(華氏)'온도로 부르며, 40°F, 50°F와 같이 표기한다.

대부분의 나라들이 세계표준안으로 정한 섭씨온도를 쓰고 있다.

만년, 말년, 향년

흔히 헛갈리는 말로 '만년'과 '말년'이 있다.

'만년(晚年)'은 '나이가 들어 늙어가는 시기, 늙어가는 과정'이다.
"초년 고생은 **만년** 복이라."
"타향을 떠돌던 그는 **만년**에 고향에 돌아와 농사를 지으며 산다."
"아버지는 오랜 공직생활을 마친 후 시골에서 가난한 아이들을 가르치며 **만년**을 보람 있게 지내고 계신다."

'말년(末年)'은 '일생의 마지막 무렵이나 어떤 시기의 마지막 몇 해 동안'을 뜻하는 말이다.
"민주운동가이던 그는 집권 **말년**에 독재자로 변했다."
"그는 군 생활 **말년**이 되자 사회로 나갈 준비를 시작했다."
"건강을 돌보지 않던 그는 **말년**에 여러 질병으로 고생하였다.

간혹 "내가 인생 **말년**에 이 무슨 짓이냐." 이 말은 자신이 죽을 때가 가까웠다는 말이다. 그게 아니라면 '말년' 대신에 '만년'이라 해야 한다.

'향년(享年)'은 '한평생 살아 누린 나이'라는 뜻으로, 죽은 사람의 나이를 말할 때 쓴다.
"그는 **향년** 여든 셋의 나이로 별세했다."와 같이 쓴다.
"*저의 아버지는 **향년** 여든아홉이십니다.*"라고 하는 것은 아주 잘못된 표현이다.
뜻을 정확히 모르고 쓸 바에는 차라리 한자말을 빼고 쓰는 것이 실수를 하지 않는 길이다.

그녀는 **만년**에 화가로서의
새로운 인생을 그려가기
시작했다.

평생에 걸쳐 글을 써온 그는 인생
말년에 길이 남을
작품 하나를 드디어 완성했다.

주인공과 장본인

"지정환 신부 13일 오전 숙환으로 별세. 오늘의 임실치즈를 있게 한 *장본인*, 벨기에 출신 지정환 신부는 누구인가?"

"그 노인이 고아들을 길러낸 미담(美談)의 *장본인*이었다."

위의 기사들은 읽는 사람에게 혼란을 준다. '임실치즈를 만든 일이 잘못된 일인가' 하는 의구심을 갖게 만들고, 아래 문장은 앞과 뒤가 서로 모순되어 이상하기 때문이다.

'장본인(張本人)'이란 말의 뜻을 알고 쓰는가? 위의 두 글에 쓰인 장본인이란 말은 부적절하다. 부적절할 뿐만 아니라 칭찬하려고 쓴 말이 오히려 대상을 욕되게 한다.

'장본인(張本人)'은 '어떤 일을 꾀하여 일으킨 바로 그 (나쁜) 사람'을 뜻한다.

"비밀리에 진행하던 회사 기밀을 다른 회사로 빼돌린 **장본인**이 김 과장이라는 것이 밝혀졌다."

"우리를 곤란하게 만든 **장본인**이 바로 영철이 너로구나."

"문제를 일으킨 **장본인**이 오히려 큰소리친다."

와 같이 써야 하는 말이다.

칭찬할 만한 일을 한 사람은 장본인이 아니라 '주인공'이어야 한다.

"그분이 임실치즈를 만들어낸 바로 그 **주인공**이다."

"그 노인이 **미담의 주인공**이다."

라고 써야 뜻이 바르게 전달된다.

김 여사가 평생
그 고아들을 돌본
장본인이래.

장본인이란 말은 옳지 않아.
주인공이라고 하는 게 옳아.

추돌과 충돌

"삼거리에서 트럭 세 대가 잇따라 추돌했다. 사고 현장을 피하려던 또 다른 트럭이 승용차를 추돌하는 2차 사고도 이어졌다."

"차선 위반, 역주행 차량에 일부러 **충돌**... 억대 보험금 타낸 일당 검거"

"해남 교차로에서 차량 3대 잇단 **충돌**... 6명 중·경상"

교통사고에서 흔히 쓰는 '추돌'과 '충돌'이 있다. 둘 다 같은 말인 듯도 하여 혼동하여 쓰는 사람도 있지만 두 말은 서로 의미가 다르다.

'추돌(追突)'은 같은 방향으로 가던 사람이나 자동차가 뒤에서 들이받는 것을 말하고, '충돌(衝突)'은 맞부딪치는 것이다. 부딪치는 방향에 따라 추돌과 충돌을 구분하여 사용해야 한다.

"빗물에 차가 미끄러져서 승용차가 앞차를 **추돌**했다."

"달리던 차가 급정거하자 차량 연쇄 **추돌** 사고가 발생했다."

"앞차를 추월하려다 마주 오던 차와 **충돌**했다."

"좁은 골목길을 운전할 때는 갑자기 튀어나오는 차와의 **충돌**에 대비해야 한다."

이런 예문을 보면 추돌과 충돌의 의미가 확실해진다.

'충돌'은 일상에서 비유적인 뜻으로도 자주 사용된다.

"보수와 진보의 충돌"

"자녀 교육 문제로 부부간에 의견 충돌이 자주 일어난다."

"나는 그와 더 이상 충돌하기 싫어서 잠자코 있었다."

"각자의 이익이 서로 충돌하는 경우에 갈등이 생긴다."

추돌하다

끼익~~

충돌하다

사초와 벌초

한식(寒食)은 우리 명절의 하나로서, 동지가 지난 105일째 되는 날인데, 4월 5일이나 6일쯤이 해당된다. 예전에는 나라에서 이날에 종묘와 각 능원에 제향을 올리고, 민가에서는 조상의 무덤에 성묘를 하였다. 조상의 무덤을 살피면서 잡초를 뽑아내고 잔디가 망가진 곳이 있으면 손보며 떼를 다시 입히기도 한다.

'무덤'은 '뫼', '묘', '산소' 등으로도 쓴다. '무덤'과 '뫼'는 우리말인데, '무덤'은 '묻다'의 어간 '묻'에 접미사 '엄'이 붙어서 명사로 파생한 말이다. '묘(墓)'는 '뫼'의 한자말이며, '산소(山所)'는 묘를 높여 부르는 말이다.

묘를 덮고 있는 잔디를 흙이 붙어 있는 상태로 뿌리째 떠낸 것을 '떼', 그 조각을 '뗏장'이라 부르며, "떼를 입히다."와 같이 쓴다. '뎃'나 '뒈'는 모두 틀린 말이다.

오래되거나 허물어진 무덤에 떼를 입혀 잘 가꾸는 일을 '**사초(莎草)**'라고 한다. 이와 달리 음력 7월 하순경에 무덤의 풀을 깎아 깨끗이 손질하는 일은 '**벌초(伐草)**'라고 한다.

그런데 중부 지방에서는 '**금초(禁草)**'라는 말을 쓰기도 하는데, 이것은 '금화벌초(禁火伐草)'의 줄임말로, 무덤에 불조심하고 때맞추어 풀을 베어 잔디를 잘 가꾼다는 뜻이다.

한식 때는 사초를 하는 것이고, 추석 전에 무덤의 풀을 깎는 것은 벌초를 하는 것이다.

한 가지 더, '**금잔디**'를 금빛 나는 잔디로 알고 있는 사람들이 있으나, '금잔디'는 '잡풀이 없이 탐스럽게 자란 잔디'를 뜻하는 단어이다.

한식에 **사초하다.**

떼를 입히다.

벌초하시는 아버지를
도와 드리다.

부의

우리는 친척이나 가까이 지내던 사람이 상을 당하면 자신의 일을 제치고 상가(喪家)를 찾아가 문상(問喪)하는 것을 예로 여긴다. 이때 상가에 돈이나 물품을 부조로 보내는 일을 부의(賻儀)라고 한다.

상가에 부의하는 전통이 생긴 것은 조선시대 이세장이라는 인물과 관련이 있다. 이세장(1947~1562)은 홍문관 교리와 강원도 관찰사를 지낸 관리로서 이항복의 증손이다.

공이 상을 당하자, 명종이 예관을 보내 조문하고 부의를 내렸다. 또 당시 좌의정 김상헌(1570~1652)의 문집에 "이세장 공이 가난하여 어머니의 장례 치를 돈이 없어 조정 관료가 부의해서 비로소 장례를 잘 모셨으니, 온 조정의 관료가 하는 부의는 이세장 공에서 비롯됐다."는 기록이 있다. 이렇게 장례에 상부상조하는 '부의'가 지금까지 내려오는 것이다.

이세장은 청백리로 유명하다. 그의 청렴함을 보여주는 이야기가 지금까지 전해오는데, 강원도 문막의 '투선나루'의 전설이다.

이세장은 관리임에도 자신을 위한 재물을 모으지 않아 한겨울에도 늘 베옷만 입고 살 정도로 가난했다. 강원도 관찰사로서의 소임을 마치고 돌아오는 날, 주민들의 선물을 다 거절하였고, 사용하던 물건도 모두 그대로 두었다. 공이 강을 건너기 전에 "내 몸에 혹시라도 강원도의 물건이 있는지 보라."고 하였고, "들고 계신 부채가 강원도 것이라."고 하자, 잘못할 뻔했다며 부채를 내던졌다. 그곳이 '부채를 던지다'라는 뜻을 가진 '투선(投扇)나루'가 되었다.

잘 모르고 쓰던 말들도 뜻과 유래를 알면 그 의미가 새삼 다르게 느껴진다.

신문과 심문

요즘 나라를 어지럽힌 사람들에 대하여 '신문(訊問)'과 '심문(審問)'한다는 말이 방송에 오르내리고 있다. 일반인들이 가려 쓰기에는 어려운 말들이다.

'신문'은 알고 있는 사실을 캐어묻는다는 뜻인데, 경찰이나 검찰이 사건 관련자들을 직접 대면하여 진상을 캐묻는 행위를 뜻한다.

"경찰은 사건 피해자를 불러 사건에 대해 *신문하였다*(**캐물었다**)."

"경찰은 방화 사건에 대해 주변인들을 찾아다니며 *신문*(**캐물어**) 수사하기 시작했다."

"그는 검찰의 *신문*(**캐물음**)에 계속 묵비권으로 일관했다."

'대질 신문', '유도 신문', '인정 신문' 등과 같이 쓰이기도 한다. 과거에 자주 들을 수 있었던 '고문(拷問)'은 '숨기고 있는 사실을 강제로 알아내기 위하여 육체나 정신에 고통을 주며 신문하는 것'을 뜻한다.

'심문'은 법원에서 서면 또는 구술로 사건 당사자에게 개별적으로 진술할 기회를 주는 일을 뜻한다. 심문은 국민의 권리를 보장하기 위한 과정으로 판사가 듣고 진술을 심사한다.

예를 들어 검찰이 구속 영장을 법원에 청구하면 법원이 피의자의 진술을 듣는 절차가 '**구속 전 피의자 심문**'이다.

"판사는 피의자에게 마지막으로 *심문하였다*(**캐물었다**)."

신문의 목적은 수사나 판결 과정에서 사실 관계를 파악하기 위함이고, 심문은 피의자에게 기회를 주어 진술을 듣기 위함이다.

국립국어원에서 '신문'과 '심문' 둘 다 '**캐물음**'으로 순화해 놓아, 우리말로 바꾸어 써도 여전히 헷갈린다. 문맥에 따라 이해해야 하겠다.

검찰이 사건 주변인들을 캐묻더니
드디어 최씨를 구속 전 피의자 *심문*한대.

그게 뭐지?

법원에서 판사가 최씨에게 구속 영장을
발부한 것인지 **영장 실질 심사**를 하는 거야.

범인으로 의심 가는 사람에게도 말할 기회를 주는 거래.

곤욕과 곤혹

"그는 청문회에서 국회의원들의 공격성 질문에 **곤혹**(곤욕)을 치렀다."
"음치인 나더러 노래를 부르라니 이렇게 **곤욕**(곤혹)스러울 수가 …"

'곤욕'과 '곤혹'도 자주 헷갈리는 말들이다. 위 예문에 쓰인 '곤혹'과 '곤욕'은 어느 것이 맞을까?
곤혹과 곤욕은 비슷해 보이지만 의미에 차이가 있다.

'곤욕(困辱)'은 심한 모욕 또는 참기 힘든 일을 뜻한다. 아래 예문을 보자.
"그들은 모의했던 거사가 들통이 나서 심한 곤욕을 치렀다."
"그는 엉뚱한 사람으로 오해를 받아 어이없는 곤욕을 겪었다."
"조선어학회 회원들은 누명을 쓰고 일제에게 잡혀가 견디기 힘든 곤욕을 당했다."

이에 반해 '곤혹(困惑)'은 곤란한 일을 당하여 어찌할 바를 모른다는 뜻의 말로 대체로 '곤혹스럽다'로 쓴다. 비슷한 말로 '당혹(當惑)'이 있다.
"나는 친구의 예기치 못한 행동에 몹시 곤혹스러웠다."
"그는 언제 결혼하느냐는 질문을 받을 때마다 곤혹스러움을 느낀다."
"나는 그의 눈에 곤혹스러워하는 빛이 스치는 것을 놓치지 않았다."

따라서 위의 예문의 정답은 아래와 같다
"그는 청문회에서 국회의원들의 공격성 질문에 **곤욕**을 치렀다."
"음치인 나더러 노래를 부르라니 이렇게 **곤혹스러울** 수가…"

'곤욕'과 '곤혹'의 뜻을 잘 모르고 쓰다가는 곤혹스러운 일을 당할 수도 있다.

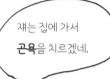

모처럼 옛 스승을 만났는데 아이가 떼를 쓰며 울어대서
몹시 **곤혹**스러웠다.

물의를 일으키다

'물의를 일으키다'를 '무리를 일으키다'로 잘못 쓰는 사람들이 있다. '물의'는 발음이 쉽지 않고 뜻을 아는 사람도 적다.

'물의(物議)'는 세상사(物)에 대해 논(議)한다는 뜻인데, 기록이 전해진다.

한나라 무제(武帝) 때 상서좌승이었던 사기경은 성격이 대범하고 술을 좋아하여 조정의 예법 같은 것을 업신여겼다. 한번은 잔칫집에 갔다가 돌아오는 길에 술집이 보이자, 일행들과 함께 술이 떨어질 때까지 마셨다. 수많은 사람들이 그들을 구경하였지만 동요됨이 없었다. 무제는 그의 방탕함을 미워하여 그를 지방 토벌군에 보냈다가 싸움에 패한 것을 구실로 그를 파면했다. 그러나 그의 집은 그를 좋아하는 조관들의 출입으로 항상 붐볐다고 한다. 마침 좌승 유중용도 파직되어 집으로 돌아오자, 두 사람은 의기투합하여 자유분방한 생활을 즐겼는데, 때로는 덮개가 없는 수레를 타고 들판을 산책하고, 술에 취하면 큰 방울을 흔들면서 조가(弔歌)를 부르는 등 세상 **물의(物議)**에 전혀 개의치 않았다고 한다. (한서 사기경전)

세상 사람들이 자신을 어떻게 말하든 전혀 마음을 쓰지 않았다는 이야기다. 이렇게 '물의'는 세상 평판을 뜻하는 말이었던 것이 오늘날은 세상 사람들의 좋지 않은 평판이나 비난 등을 뜻하는 부정적인 의미로 쓰인다. 즉 **말썽의 대상이 되는 것**으로 뜻이 변하였다.

'물의를 일으키다', 발음도 뜻도 어려운 말을 남들 따라 쓸 것이 아니라, 대신 쉬운 우리말 **'말썽을 일으키다(피우다)'**를 쓸 것을 권한다.

농단

뉴스에서 종일 '국정농단'이라는 말이 쏟아져 나온다. 새삼 이 말이 궁금하다. '농(壟)'은 언덕이라는 뜻이고 '단(斷)'은 끊는다는 뜻으로, '농단'은 '깎아지른 듯한 높은 언덕'이라는 뜻이다. 고사가 얽혀 있다.

맹자는 수년 간 제(齊)나라 선왕(宣王)의 정치 고문으로 있었는데. 그의 의견을 받아들이지 않자 떠나려고 하였다. 그러자 왕이 맹자에게 집과 1만 종(萬鐘 : 1종은 여섯 섬 너 말)의 녹봉을 주어 제자들을 양성하게 하며, 대부(大夫)와 백성들의 공경을 받게 해 주겠다고 하였다. 이에 맹자는 "나는 돈이나 재산을 바라는 것이 아니다. 부를 원했다면 10만 종의 녹봉을 마다하고, 새삼 1만 종을 받겠는가? 일찌기 계손(季孫)은 '자숙의(子叔疑)는 이상하다. 자기가 정치를 하다가 받아들여지지 않았으면 곧 그만두고 말 것이지, 어찌 자제에게 그 자리를 물려주었는가. 그는 남을 밀어제치고 부귀를 독차지한(私壟斷焉:사농단언) 것이다.'라고 했다." 이렇게 맹자는 옛날 **높이 솟은 언덕(농단)**을 차지하여 시장 전체를 내려다보고 가장 좋은 몫을 차지하여 시장의 모든 이익을 독차지한 욕심 많은 장사치의 소행을 들어 비난하며, 선왕이 제의한 봉록을 거들떠보지도 않고 떠났다.

이때부터 '농단'은 '가장 좋은 자리를 차지하여 유리한 위치에서 이익이나 권리를 독차지한다'는 비난의 뜻이 담긴 말로 쓰이게 되었다.
따라서 **'국정(國政) 농단'**은 **'국가의 높은 권력의 위치를 차지하여 자신의 이익을 독점함'**의 뜻이라 보면 되겠다.
농단하는 일이 더 이상은 없어야 하겠다.

피로를 회복할까, 풀어 버릴까

현대를 피로의 시대라고 한다. 만나는 사람들마다 피로하다고 한다. 직장인은 직장인대로, 주부는 주부대로, 학생은 학생대로 피로를 호소한다. 몸도 피로하지만 정신은 더 피로하다.

피로한 시대라서 그런지 자주 들리는 말이 있다. '피로 회복'

> "축구 대표팀은 현재 *피로 회복* 중이다."
> "율무는 아미노산이 풍부해 *피로 회복*에 좋다."
> "현대인의 만성 *피로를 회복시켜* 줄 기구입니다."(회복시켜 → 회복하게 해)

피로를 회복하다니 세상에 웃긴 말이다. '회복(回復)'은 원래의 상태로 돌이키거나 원래의 상태를 되찾는다는 뜻이다. 따라서 '피로 회복'은 원래의 피로의 상태로 돌이킨다는 말이다. 멀쩡한 몸을 피로의 상태로 되돌린다? 얼마나 웃기는 말인가.

한 기업체가 새로운 음료를 광고하면서 쓴 '피로회복제'라는 말이 사람들 머릿속에 그대로 주입되어 많은 사람들이 생각 없이 따라 쓰게 만들었다는 게 필자의 추측이다.

말이 되게 바로잡아 보자. 피로는 푸는 것이다. 한자말을 쓰려면 '문제가 되는 상태를 해결하여 없애 버린다.'는 뜻을 가진 '해소(解消)'를 써야 한다. 피로는 회복해야 할 것이 아니라 풀든지 해소해야 한다.

"피로를 풀려면 어떻게 해야 할까?" "**피로를 푸는** 데는 청매실이 좋다."
"규칙적인 운동이 **피로 해소**를 돕는다."
이렇게 써야 한다.

피로한 상태로 몸을 회복하지 말고 그때그때 피로를 풀자.

임신부와 임산부

"입덧으로 고생하는 **임산부**들은 영양 부족이 되기 쉽다."
"**임산부**가 무거운 몸으로 지하철 손잡이에 의지해서 퇴근하는 모습이 안쓰럽다."
"지하철의 **임산부** 배려석은 **임산부**들을 위한 좋은 시설이다."

'임산부'라는 말을 참 많이도 쓴다. 그런데 여기에 쓰인 임산부는 모두 잘 못 쓰였다. '임산부'를 모두 '임신부'로 고쳐 써야 한다. 신문이나 공공기관에서조차 뜻도 모르고 임신부를 임산부로 쓰는 것이 한두 군데가 아닌 것이 안타깝다.

'**임산부**(姙産婦)'는 '**임부**(姙婦)'와 '**산부**(産婦)'를 합한 말이다. 즉 임신한 여자와 방금 아이를 낳은 여자를 아울러 일컫는 말이다.

입덧으로 고생하는 것은 임신부이다. 산부(산모)는 더 이상 입덧하지 않는다. 아이가 자람에 따라 몸이 무거워지는 것도 임신부이다. 아이 낳은 여자는 그 무거움에서 막 해방되어 가벼운 몸이 되었으므로 무거운 몸이라는 게 맞지 않는다.

임신부에 대한 배려는 바람직하다. 그런데 이미 아기 낳은 여자도 배려하겠다고? 방금 아기 낳은 산모는 바깥으로 돌아다니지 않거니와 설사 그런다 하더라도 남들이 산모인지 모르므로 배려해 주기 어렵지 않겠는가?

지금까지 길게 이야기한 것은 임산부를 임신부와 혼동해서 쓰지 말라는 것이다. 아기를 밴 여자, 임신한 부인을 뜻하는 말은 '**임신부**(姙娠婦)', '**임부**', '**임신녀**'이다. "나 임신했어." '임신한 여자'라고 하지, "나 임산했어." '임산한 여자'라고 하지 않는 것을 생각하면 혼동에서 벗어날 수 있을 것이다.

임산부 → 임(신)부   산부

하마평과 물망

"○○○는 차기 국무총리로 *하마평*이 올랐으나"

"승진 인사와 국장 보직 인사에 대해 많은 *하마평*이 오가고 있다."

정계나 정부 요직의 개편이 있을 때마다 누가 어느 자리에 임명될 것이라는 이야기들이 나돈다. 이때 빠지지 않고 들리는 말이 '하마평'이다. 이것은 그 유래를 알지 못하면 뜻을 바로 알 수 없는 말이다.

조선 초에 종묘와 대궐 문 앞에 일정한 거리를 두고 '대소인원개하마(大小人員皆下馬 모두 말에서 내리시오.)'라는 글이 적혀 있는 표목을 세워 놓았다. 이 앞에 이르면 모든 사람들이 가마나 말에서 내려 걷게 함으로써 대상에 대한 경의를 표시하게 했다. 이것을 '**하마비(下馬碑)**'라 불렀는데, 이는 후에 왕이나 장수, 성현들의 출생지나 분묘 앞에도 세워졌다.

하마비 주위에는 사람들이 들끓었다. 상전이 궁궐이나 관아에 들어가 있는 동안 그들을 모시고 온 가마꾼이나 마부들은 얻어들은 정보나 관직에 오를 후보들에 관한 이런저런 인물평을 주고받기 마련이었다. 이것이 '하마평(下馬評)'이다. 즉 하마평이란 관리의 이동이나 임명 등에 관해 떠도는 이야기를 말한다.

'하마평'을 순화한 말이 '**물망(物望)**'이다. '물망'은 여러 사람이 우러러보는 명망을 뜻하는 말로, '높은 직위의 인재를 뽑을 때 유력한 인물로 지목되거나 어떤 일에서 성공할 가능성이 많은 대상으로 점쳐진다.'는 뜻으로 '물망에 오르다'라는 표현을 쓴다.

"그는 선거 때마다 대통령 후보의 **물망에 올랐다.**"

"그 영화가 국제영화제 최우수 작품상으로 **물망에 올랐다.**"

하마평

우리 대감님이 이번…

○○에 ○○○께서 **물망에 올랐대.**

성탄절과 탄신일

성탄절이 다가온다. '성탄절(聖誕節)'이란 '거룩한(聖) 분(예수)이 태어난 (誕) 명절(節)'이란 말이다. 구세주 예수 그리스도가 인류를 구원하기 위해 이 땅에 탄생하신 날을 기념하며 이 날을 기쁨으로 맞이하는 사람들이 서로 축하하며 축복해주는 날로서, 부활절과 더불어 기독교 최대 명절의 하나이다. 성탄일(聖誕日), 크리스마스, 노엘 모두 같은 뜻의 말이다.

탄일, 생일, 탄생일, 탄신은 모두 '태어난 날'을 뜻한다. 그런데 이 가운데 '탄신(誕辰)'이란 말을 많은 사람들이 오해하여 빈번히 잘못 사용한다.
　　"세종대왕 **탄신** 622돌 큰잔치"
　　"충무공 이순신 **탄신일**은 장군의 나라 사랑에 대한 높은 뜻을 기리기 위하여 제정한 기념일이다."

탄신은 생일, 탄일과 같은 뜻인데, 특별히 '임금이나 성인이 태어난 날'을 높여서 부를 때 쓴다. '탄신'의 '신(辰)'은 '때, 날, 하루'의 뜻이다. 즉 탄신은 태어난 날, 생일이다. 그런데 사람들이 탄신의 '신'을 몸을 뜻하는 '신(身)'으로 잘못 이해한 것으로 보인다. 그래서 '탄신일'을 '태어나신 날'로 알고 위의 예문과 같이 쓰는 것이리라.
　'탄신일'은 '태어난 날+날', 즉 '생일일'이 된다. '역전앞'이나 '축구차기' 처럼 한 단어 안에 같은 뜻의 말이 이중으로 겹친 형태이다. '탄신'은 '탄생' 으로, '탄신일'은 모두 '탄생일'이라 써야 맞는 말이 된다.

　　"세종대왕 **탄생** 622돌 큰잔치"
　　"충무공 이순신 **탄생일**은…"

인구에 회자

"'요람에서 무덤까지'라는 말은 지금도 복지의 교과서처럼 *인구에 회자되고 있다.*"

'회자(膾炙)'는 '날고기와 구운 고기'가 합쳐진 말인데, "좋은 시의 구절은 많은 사람들이 좋아하여 회자처럼 사람들 입에 자주 오르내린다(膾炙人口)."라는 뜻으로 쓰이던 것이, 점차 좋은 평판으로 사람들 입에 많이 오를 때 쓰는 말이 되었다.

그런데 아래 문장들은 어떤가?

"총선을 앞두고 용산지역구 후보군으로 OO당 4명, OO당 2명 등이 *회자된다.*"

"김OO 국회의원까지도 탈당 가능성이 높다는 이야기가 정치권에 *회자되고 있습니다.*"

여기에 쓰인 '회자'는 적합한 표현이 아니다. 아래 문장은 더 기막히다.

"과거 소련의 위협이 약해지자 나토의 무용론이 *회자되었다.*"

"제천 화재 때에 드라이비트라는 건물 외장재가 *회자됐었다.* 이것은 걷잡을 수 없이 불이 번지는 원인을 제공했다."

'회자'는 사람들이 그 대상을 좋아하여 입에 즐겨 담는다는 말인데, 아무 데나 쓰다 못해 부정적인 대상에 대하여도 쓰고 있으니 웃지 못할 일이다. 한자어를 쓴 것이 유식해 보이기는커녕 무식함을 드러내는 결과가 되었다. 잘 모르는 한자어는 쓰지 않는 게 말을 바르게 하는 길이다.

회자 대신 **'사람들 입에 자주 오르내린다.'**라고 하면 알아듣기도 쉽고 아무 문제가 없다.

좋은 시는
인구에 회자된다.
➤ **사람들 입에
자주 오르내린다.**

장사진

"이른아침부터 마스크를 사려는 사람들이 약국 앞에 *장사진을 이루었다.*"

"이웃 돕기 행사에 참여하려는 사람들의 행렬이 *장사진을 이루었다.*"

"좋은 자리를 잡기 위해 일찍부터 극장을 찾은 관객들은 영하의 날씨에도 극장 밖까지 *장사진을 쳤다.*"

'장사진을 이루다', '장사진을 치다'라는 표현으로 자주 쓰이는 '장사진'의 뜻이 무엇일까? 장사진은 손자병법에 나오는 말이다.

옛날 중국 상산에 '솔연'이라는 이름을 가진, 몸뚱이가 긴 독사(장사 長蛇)가 있었다. 이 뱀은 사납고 움직임이 빨라서 다들 솔연이라는 이름만 들어도 무서움에 떨었다. 이것은 머리를 치면 꼬리가 빠르게 반격해 오고, 꼬리를 치면 머리로 공격한다. 몸뚱이 가운데를 공격하면 머리와 꼬리가 양쪽에서 반격한다. '수미상응(首尾相應)', '수미상접(首尾相接)'이라는 말은 이에서 비롯된 말이라고 한다. 이와 같이 솔연은 공격과 방어를 적절히 하면서 상대가 궁지에 몰리기를 기다렸다가 빠르게 달려들어 독이 묻은 날카로운 이빨로 상대를 단숨에 물어 죽인다. 손자(孫子)는 "용병술에 뛰어난 장수는 장사(長蛇) 솔연처럼 진을 친다."고 했다. 그게 '장사진(長蛇陣)'이다. 장사진은 솔연처럼 앞뒤의 각 부대가 유기적으로 협조해 적을 물리칠 수 있는 병술을 뜻한다.

오늘날 우리가 자주 쓰는 '장사진'은 본래의 장사진과는 그 의미가 달라져, 많은 사람이 줄지어 뱀처럼 길게 늘어서 있는 모양을 비유적으로 표현하는 말로 쓰인다. 뜻도 모르고 남들 따라 쓰지 말고 그냥 편하게 **"사람들이 길게 늘어섰다."**라고 쓰는 것이 낫지 않을까?

홍수 피해 이재민 돕기 모금합니다!

모금에 참여하려는 사람들이 **장사진을
이루었다.**

↘ **길게 늘어섰다.**

3장

숙아내자 일본말

일본말 따라 쓰기

우리나라가 광복을 맞은 지 일흔 해가 훨씬 지났지만, 우리가 쓰는 말에 아직도 일본말들이 많이 남아 있다.

수십 년 전부터 국립국어원과 정부에서는 이런 일본어들을 우리말로 순화해 국민들에게 쓰도록 권장해왔으나, 잘 고쳐지지 않고 있다.

더 큰 문제는 요즘 젊은이들이, 부모들이 쓰는 일본말들을 그대로 이어받아 사용할 뿐만 아니라, 그에 더하여 일본에서 새로운 말을 가져다 쓴다는 점이다.

그 한 예가 '**덕후**'라는 말이다. 덕후는 일본어 '오타쿠(御宅)'를 가져다가 '오'를 빼고 '타쿠'를 우리식으로 읽은 것이라고 한다. 오타쿠는 1970년대 일본에 등장한 신조어로, '어떤 분야에 열정과 흥미를 가지고 몰두해 있는 사람'이라는 의미로 쓰이는데, 그것을 우리의 젊은이들이 가져다가 '덕후'라는 말로 부르는 것이다.

'덕후'에서 파생된 '**덕질**'은 '덕'에 우리말 접미사 '질'을 붙인 말로 보이는데, 요즘은 주로 자신이 좋아하는 연예인에 심취하여 그 사람과 관련된 것들을 모으거나 찾아보는 행위를 가리키는 말로 쓴다. 연예인 '아무개 덕후', '아무개 덕질'이라 이렇게 말이다.

일본말 가져다가 뜻도 모르고 따라 쓰는 습관 버리고 우리말로 알아듣게 쓸 수 있지 않은가. '(연예인 아무개) **팬 활동**' 이렇게 말이다.

사회가 변하므로 그에 따라 새로운 말이 필요한 것은 당연한 일이다. 이때 남의 나라 말을 가져다 쓸 것이 아니라, 창조력, 조어력 뛰어난 우리가 적합한 우리말들을 만들어 써야 하지 않겠는가?

진정 일본말 따라쟁이들이 되고 싶은가?

축제를 잔치로

봉평 메밀꽃축제를 다녀왔다. 드넓게 펼쳐진 메밀꽃밭을 배경으로 향토음식점들이 늘어서 있고 민속놀이 등 다양한 볼거리가 펼쳐져 지역주민과 방문객이 함께 즐기는 지역행사였다. 지난해에는 평창 백일홍축제가 열린 곳을 갔었다. 끊임없이 이어지는 눈부신 백일홍꽃밭길이 지금도 눈에 선하다.

그 지역 아름다운 자연과 향토음식을 함께 즐기자는 이와 같은 국내 행사들이 800개가 넘는다고 하는데 대부분 'OO축제,' 'OO제'라는 이름이 붙어 있다. '축제'란 '축하'와 '제사'가 합쳐진 말이다. 메밀꽃축제나 백일홍축제는 축하는 몰라도 제사는 분명 아니다.

'축제(祝祭)'는 일본의 한자어이다. 일본의 축제인 '마쓰리(祭り)'는 신령들에 제사를 지내는 의식이다. 일본인들은 수많은 자연물을 신으로 믿고 제사를 지내는데, 이 제사를 축제라고 부른다.

이 말을 우리가 가져다가 생각 없이 쓰고 있는 것이다. 심지어 대학의 행사들도 '축제'라고 부르고 있으니 기막힐 일이다. 우리나라의 행사들은 일본의 제사와는 전혀 다른, 다 함께 기뻐하며 즐기는 '잔치'이다. '축제'라는 말을 써서는 안 된다.

생각나는 대로 나열해 보면, **신안튤립축제, 함평나비대축제, 양평산수유한우축제, 강릉커피축제, 설악문화제, 원주한지문화제** 등…

꽃과 나비와 소고기와 커피와 종이… 제사와 연관된 행사는 없다. 습관처럼 붙인 이름들임에 틀림없다.

이제부터라도 이렇게 이름 붙여 보면 어떨까? **'영월포도잔치', '횡성한우큰잔치', 'OO사진전시회', 'OO인형잔치'**…

'잔치'가 어색하다면 '축전(祝典)'이라고 붙여도 좋겠다. **'안성세계민속축전', '부산과학축전'**처럼 말이다.

뗑뗑이와 십팔번

"*뗑뗑이 가라 나시* 원피스를 즐겨 입는 그녀는 *가라오케*에서 *십팔번*을 부르다가 그만 노래 실력이 *뽀록났다.*"

위와 같은 말을 들어 본 적이 있는가? 아니면 본인이 습관처럼 쓰고 있는 말인가? 위의 말들은 아무리 봐주려고 해도 품위 있는 말이라고 할 수는 없겠다. 게다가 뜻도 정확히 모르고 사용하는 일본말이 이 문장 안에 여섯 개나 들어 있는 것을 아는가?

국립국어원을 비롯한 많은 개인과 단체에서 오랜 세월에 걸쳐 우리말 순화에 힘을 기울여왔으며, 특히 우리 국민이 무심코 사용하는 일본어를 우리말로 바꾸기 위해 끊임없이 노력하고 있는데 아직도 우리의 입에, 귀에 일본말이 돌아다닌다.

'뗑뗑이(点点 てんてん)'는 일본어로 **물방울**이라는 뜻이다. '가라'는 **무늬**, '나시'는 **민소매**, '가라오케'는 **노래방**, '뽀록나다'는 **들통나다**로 써야 한다.

'십팔번'도 일본에서 건너온 말이다. 예전부터 일본의 어떤 가문에 내려오는 기예 열여덟 가지를 '가부키 십팔번'이라 불렀다. 이 말이 우리에게 건너와서 '어떤 사람이 특별히 잘하는 장기나 즐겨 부르는 애창곡'을 가리키는 말이 되었다.

'십팔번'은 우리 것이 아니다. 뜻도 모르면서 귀에 익은 대로 쓰는 이 말을 버리고 '**장기**'나 '**애창곡**' '**잘 부르는 노래**' '**단골노래**' 등으로 바꿔 쓰자.

"물방울무늬 민소매 원피스를 즐겨 입는 그녀는 노래방에서 그녀의 애창곡을 부르다가 그만 노래 실력이 들통났다."

이렇게 쓰자. 이게 품위 있는 우리말이다.

물망울 무늬 →
민소매 →

인기 많던 **땡땡이 가라 나시** 원피스의 그녀

당신의 노래
점수는 5점입니다!

십팔번을 부르다가 그만 노래 실력이 **뽀록났다.**

애창곡 →   → 들통났다.

납득이와 갓길

영화 《건축학개론》에서 "**납득이 안 돼!**"라는 대사를 남발하던 남자 배우는 '납득이'라는 별명을 얻게 되었다고 한다.

발음하기도 편치 않은 '납득(納得)하다'는 '들이다'와 '얻다'라는 뜻의 한자가 합쳐진 의미가 다소 이상한 일본식 한자어다.

사전에는 '납득'을 '사리를 이해함'이라 풀이되어 있다. 국어국립원에서 '이해'로 순화해 놓고 쓰기를 권장하고 있다. 이해는 '사리를 분별하여 해석함'이어서 뜻이 거의 같다.

'**납득하다**', '**납득이 가다**', '**납득을 못하다**'는 각각 '**이해하다**', '**이해가 가다**', '**이해되지 않다**' 등으로 쓰면 된다.

예전에 고속도로를 달리다 보면 '**노견주행금지**'라는 팻말을 자주 볼 수 있었다. '노견(路肩)'은 번역하면 '길어깨'란 뜻으로 참 우스꽝스러운 말이었는데, 그것을 순우리말 '갓길'로 바꾸었고, 지금은 '노견'이 없어지고 '**갓길**'이 잘 정착되어 쓰인다.

같은 한자어라도 조어가 이상하고 부자연스러운 말의 경로를 좇다보면 대개가 일본어인 경우가 많다. 우리말 속에 섞여 있는 이런 말들을 솎아내고 자연스러운 우리말, 우리식 한자어를 사용하자.

기라성 같은

'삼국지'를 읽다 보니 '기라성 같은'이란 구절이 눈에 띄었다. 큰 작가가 이런 표현을 쓰다니 충격이었다.

> "조조는 … *기라성 같은* 재사와 무장의 장막에 둘러싸여 있었던 것이다."

일상에서도 이 말이 자주 쓰인다.

> "우리 학교 출신 가운데 *기라성 같은* 운동선수들이 많다."

> "국제영화제가 열리니 *기라성 같은* 배우들이 줄을 잇고 있다."

우리가 무심코 쓰는 '기라성(綺羅星)'이란 말의 뜻을 아는가? '기라'는 번쩍인다는 뜻의 일본말이다. 기라는 일본말 '기라(綺羅)'의 독음(讀音)일 뿐 한자 자체의 뜻은 없으며, 여기에 '별 성(星)'이 붙은 기라성은 '반짝이는 별'이라는 뜻으로, 일본인들이 뛰어난 인물을 비유적으로 일컫는 말이다.

일본인들이 습관적으로 쓰는 '기라성 같은 ○○○'이란 말을 우리가 뜻도 모르면서 그들을 따라 써서야 되겠는가? 안타까운 일이다.

뜻도 모르는 말 더 이상 쓰지 말고

> "그는 **뛰어난 인재들**의 장막에 둘러싸여 있었다."

> "우리 학교 출신 가운데 **쟁쟁한** 운동선수들이 많다.

> "**유명한** 배우들이 줄을 잇고 있다."

> "그곳에는 **내로라하는 사람들**이 많이 모여 있었다."

처럼 뜻이 선명한 우리말로 바꿔 쓰는 것이 좋겠다.

쟁쟁한

우리 학교에는 *기라성 같은*
선수들이 많다.

-에 있어서

"**사업하는 데 있어서는** 정직과 신뢰가 가장 필요하다."
"누구를 **사랑함에 있어서** 중요한 것은 상대방에 대한 믿음이다."
"**대통령에게 있어서** 국민은 섬김의 대상이어야 한다."
"**우리나라에 있어서** 학교 정책은 자주 바뀐다."
"그는 우리 **가족에게 있어서** 잊지 못할 은인이다."

위의 짙은 부분과 같은 말투를 자주 듣는다. '-에 있어서'는 일본 사람들이 습관적으로 쓰는 말투를 그대로 따라 쓰는 표현이다. 이것이 일제 강점기 이후에 들어와 우리말에 섞인 듯한데, 공식적인 글에서도 이런 표현을 볼 수 있다. 심지어 학교 교과서에도 보인다.

'-에 있어서'라고 하면 강조하는 뜻이 된다고 생각하는 사람도 있는 듯하나 그렇지 않다. 오히려 문맥을 어색하게 만들거나, 전달하고자 하는 의미를 흐리게 하기가 일쑤이다. 우리말을 해치는 쓸데없는 군더더기일 뿐이다.

위의 문장들을 아래와 같이 깔끔하고 뜻이 분명한 우리말로 바꾸어 쓰자.

"**사업하는 데에는** 정직과 신뢰가 가장 필요하다."
"누구를 **사랑할 때** 중요한 것은 상대방에 대한 믿음이다."
"**대통령에게** 국민은 섬김의 대상이어야 한다."
"**우리나라의** 학교 정책은 자주 바뀐다."
"그는 **우리 가족이** 잊지 못할 은인이다."

이렇게 쓰는 것이 우리말이다. 우리말을 해치는 말, 남의 나라에서 스며들어온 불필요한 말을 이제부터라도 쓰지 말자.

→ 대통령에게

대통령에게 있어서 국민은 섬김의 대상이어야 한다.

입장을 감안하여

"그 사람의 **입장을 감안하여** 더 이상 묻지 않기로 했다."

이와 같은 표현을 자주 듣는다. '입장', '감안'은 일본의 한자말인 것을 아는가?

'입장(立場)'을 순화한 말이 **처지**이다. '처지(處地)'는 '처하여 있는 사정이나 형편'의 의미로, 입장과 뜻이 거의 같다.

"그가 소개한 사람이 일을 저질러 그의 **입장이**(**처지가**) 난처하게 되었다."

"내가 나설 **입장이**(**처지가**) 아니다."

'감안(勘案)하다'는 헤아려 생각한다는 말이다. 이 역시 일본인이 사용하는 한자말을 그대로 따라 쓰는 것이므로, '고려하다', '참작하다'로 쓰는 것이 좋겠다.

"그가 30분 늦게 출발한 것을 **감안**(**고려**)하면 열한 시 반에 도착하겠다."

"네가 오늘 아픈 것을 **감안**(**참작**)해서 이 정도로 봐주는 거다."

뜻도 선명한 우리말 표현이다.

물론 맨 위의 문장은 이렇게 써야 한다.

"네 **처지를 고려하여** 더 이상 묻지 않겠다."

개인적으로

"개인적으로 나는 딸기우유를 좋아해."

'개인적으로'라는 말이 유행어처럼 쓰이고 있다. 아마 어떤 연예인이 재미있게 말하려고 한 것에서 시작된 듯싶은데, 지금은 많은 사람들이 습관처럼 쓰는 것을 본다.

딸기우유를 좋아하는 것은 당연히 개인 취향이므로 굳이 '개인적으로'를 넣어 문장을 우스꽝스럽게 만들 필요가 없다.

물론 개인적임을 말해야 하는 상황도 있다.

"나는 저 사람과 개인적인 친분이 있다."

그러나 이 말도 '개인적인'을 빼고 "나는 저 사람과 친분이 있다."와 같이 쓰는 게 더 낫다.

'-적(的)'은 일본에서 온 말투이다. 일제강점기 이후 이 말투가 우리말에 들어와 지나치게 많이 쓰여 우리말의 자연스러움을 해치고 있다.

"이 제품은 *자극적*이니 *장기적*으로 쓰지 말고 *일시적*으로 쓰세요."

"오늘은 *비교적* 온도가 높고 *국지적*으로 비가 오겠으니 *가급적* 우산을 챙기시는 게 좋을 것 같습니다."

이게 우리말의 현 실정이다. 이것을 자연스럽게 바꿀 수 없을까?

"이 제품은 자극을 주니 오래 쓰지 말고 잠깐씩만 쓰세요."

"오늘은 온도가 높은 편이고 곳에 따라 비가 오겠으니 될 수 있으면 우산을 챙기시는 게 좋을 것 같습니다."

이렇게 '-적'을 빼면 훨씬 부드럽고 자연스러운 우리말 문장이 된다.

신병 처리

"환경부 블랙리스트 의혹을 수사 중인 검찰이 김○○ 전 환경부 장관의 *신병 처리*를 놓고 고심하고 있다."

"가수 승○, 구속 위기...경찰, *신병 확보* 위해 영장신청 예정"

뉴스 기사들이다. 여기에 쓰인 '신병 처리', '신병 확보'라는 말을 잘 알아듣는가?

'신병(身柄)'은 '몸 신(身)'에 '권세 병(柄)'이 붙어, 보호나 구금의 대상이 되는 사람을 가리키는 일본식 한자말이다. 순화한 우리말 **신분**으로 고쳐, **'신분 처리'**, **'신분 확보'**로 쓰자.

또 '신병'은 동음이의어가 여럿이어서 헛갈리지 않고 제대로 알아듣기 쉽지 않은 말이다.

위의 '신병(身柄)' 외에 자주 쓰이는 말은 '새로 입대한 병사'를 뜻하는 '신병(新兵)'과, '몸에 생긴 병'을 뜻하는 '신병(身病)', 그리고 장차 무당이나 박수가 될 사람이 걸리는 병이라고 하는 '신병(神病)' 등이 있다.

"그는 *신병* 때문에 주변을 정리하고 산 속으로 들어갔다."

"그의 *신병*을 인도하는 문제에 대해서 이견이 분분하다."

"그는 *신병*을 처리하라는 지시를 받았다."

"그 사람은 오랫동안 *신병*을 앓고 있었다."

이 문장들만 보아서는 어떤 '신병'의 의미로 쓰였는지 파악하기 어렵다.

알아듣기 쉽게 '신병(身柄)'은 **신분**으로, '신병(新兵)'은 **새내기병사**로, '신병(身病)'은 **몸의 병**으로 쓰자. '신병(神病)'은 **무병(巫病)**이란 말이 이미 있으니 그걸 쓰면 다른 말과 헛갈릴 일이 없겠다.

새내기 병사

신병이 전입해 왔다.

신분

피의자의 신병을 확보했다.

할아버지를 신병을 간호하다. ⟶ 할아버지를 병간호하다.

수순

오래 전 일이다. 회의장에 들어섰더니 회의 순서를 '수순'이라 써 놓았다. '순서'나 '차례'와 같은, 우리가 흔히 쓰는 쉬운 말이 있는데 왜 굳이 수순이란 말인가? 회의 시작하기도 전에 회의할 내용에 대해 이미 회의(懷疑)를 가졌던 기억이 있다.

일상에서는 잘 쓰지 않는다고 생각했는데, 친구네 장례에 문상 갔더니, 친구가 "장례식 *수순*이 어떻게 되는지 잘 모르겠어."라고 하는 것이 아닌가? 다른 사람이었다면 그냥 넘어갔을지도 모르는데, 마음 상해하지 않을 친구라 바로 짚어 주었다.

"수순은 일본말이야. 순서라고 해."했더니, 친구는 "그렇구나, 알았어." 하였다. 잠시 후 우리 쪽으로 온 친구의 동생이 "누나, 장례식 수순 잘 알아?" 하니 그 친구가 하는 말이 "수순이란 말 쓰지 마. 이 친구한테 혼나." 하여 다 같이 웃었던 기억도 있다.

수순(手順)은 '순서'와 같은 말이다. 국립국어원에서도 일찌감치 이것을 순화하여 '**순서**'나 '**차례**'를 쓰라고 권고하였다.

조어(造語)가 우리말과 달라서 뜻이 이상하게 느껴지는 말은 일본식 한자어일 때가 많다. 거슬리는 일본말을 버리고 우리말을 되찾아 쓰자. 우리가 오래 전부터 써온 '순서'나 '차례'가 훨씬 편안하고 자연스러운 우리말이다.

우리말 순화 방향 협의 2020년 10월 20일 13:00

순서

수순

1. 개회
2. 국민의례
3. 회장 인사
4. 회의록 낭독
5. 협의
6. 폐회

식대 말고 밥값

　여러 지방자치단체에서 일제 잔재 행정용어들을 순화하여 사용하려는 노력을 하고 있다. '**견출지**'는 '찾음표', '**가처분**'은 '임시처분', '**행선지**'는 '가는 곳', '**내구연한**'은 '사용 가능 기간', '**식비**'와 '**식대**'는 '밥값'으로 순화했다. 또 '**인수하다**'는 '넘겨받다', '**호출하다**'는 '부르다', '**회람**'은 '돌려보기', '**절수**'는 '물 절약', '**납기**'는 '내는 날' 등으로 고쳤다.

　또 "갑에게 손해에 대한 구상권을 행사할 수 없다."와 같은 일본식의 강압적이고 권위적인 용어들을 순화하여 "**그로 인한 책임을 진다.**"와 같이 알아듣기 쉬운 말로 고쳐 쓰기로 했다. 바람직한 일이라고 생각한다.

　연구에 따르면 우리 민법에서 일본식 민법용어를 그대로 차용한 어휘가 60%나 된다고 한다. 우리말에 일본식 한자어가 이렇게 많이 들어온 것은 19세기 말부터 시작된 근대화 과정에서 우리보다 한 발 앞선 일본이 서양의 용어를 한자어로 먼저 번역한 것을 그대로 들여와 쓰게 된 때문이다.

　경제, 사회, 문화, 자유, 대학, 민주, 회사 등이 모두 그때 만들어진 일본식 한자어다. 또 영화, 사진, 비행기, 공항, 자동차, 기차, 야구, 철도, 철학, 교육 등 이른바 문명어라 불리는 말들 모두 그에 해당한다.

　우리말로 굳어진 이 많은 말들을 이제 와서 다 고쳐 쓰는 것은 불가능한 일일 것이다. 그러나 우리말이 있는데도 일본어, 일본식 한자어들을 생각 없이 쓰는 일은 없어야 하겠다.

　음식을 먹을 때는 '**다대기**' 대신 '다진 양념'을, '**사라**'에 담지 말고 '접시'에 담아서, '**와사비**' 대신 '고추냉이'를 넣고, '**소바면**' 대신 '메밀국수'를, '**야끼만두**' 대신 '군만두'를 먹고, '**요지**'는 버리고 '이쑤시개'로 이를 쑤시자.

수속

우리가 쓰는 한자어 가운데 뜻이 이상하고 어딘가 어색하다 싶은 말들이 있다. 수속도 그 중의 하나이다.

"그는 해외여행을 위해서 출국 **수속**을 밟았다."
"의사에게서 완쾌 판정을 받자 그는 바로 퇴원 **수속**에 들어갔다."
"그 일은 진행 **수속**이 복잡하다."

'수속(手續)'은 '손 수(手), 이을 속(續)', '손이 잇다', '손을 잇는다'라는 이상한 뜻의 일본말이다. 이것을 우리가 가져다가 '어떤 일을 수행하거나 처리하기 전에 거쳐야 할 과정이나 단계'를 뜻하는 말로 쓰고 있는데, 더 이상 사용하지 말고 이미 국립국어원에서 순화해 놓은 우리말 **'순서'**나 **'절차'**를 쓰는 것이 좋겠다.

"그는 해외여행을 위해서 출국 **절차**를 밟았다."
"의사에게서 완쾌 판정을 받자 그는 바로 퇴원 **절차**에 들어갔다."
"그 일은 진행 **순서**가 복잡하다."

뜻이 이상한 일본말 버리고 편안하고 자연스러운 우리말을 쓰자.

절차

난생 처음으로 **수속**을 밟아 인도 여행길에 올랐다.

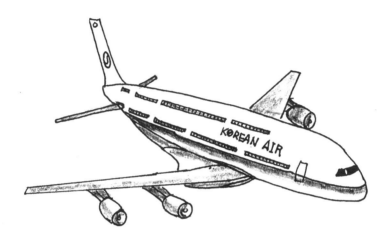

여권과 비자도 **절차**에 따라 발급받아야 한다.
공항에서 출국 **절차**를 밟아 드디어 비행기에 앉을 수 있었다.

식상하다

"매일 아침 반복되는 아버지의 훈계는 *식상하다*."
"그들은 회식한 후에 노래방을 가는 것에 *식상하였다*."

'식상(食傷)하다'는 한자를 보면 '밥이 상했다'는 뜻이다. 이 말도 우습기 짝이 없다. 일본말이다. 그런데도 우리나라 사람들이 생각 없이 가져다 자주 쓴다.

'식상하다'는 같은 음식이나 사물이 되풀이되어 물리거나 질렸을 때 일본인들이 쓰는 말이다.

'식상'은 '싫증남'으로 순화하였으므로, 식상하다는 '싫증나다' 또는 '싫증내다'로 쓰든가, 문맥에 따라 '질리다'나 '낡다', '케케묵다'로 쓰면 된다.

"매일 아침 반복되는 아버지의 뻔한 훈계는 **싫증난다**(질린다)."
"그들은 회식한 후에 노래방을 가는 것에 **싫증났다**."

아침에 일찍 일어나야
한다.
어른들께 공손히 인사해야
한다.
음식은 골고루 먹어야
한다.
친구들과 사이좋게 지내야
한다.

촌지

일본인들이 즐겨 쓰는 '촌지(寸志)'라는 말은 '손가락 한 마디만 한 뜻'으로 해석할 수 있는데, 마음이 담긴 작은 선물의 의미로 쓴다고 한다.

그런데 이 말을 가져와 우리나라에서는 주로 떳떳하지 못한 의미가 담긴 부정적인 돈, 즉 뇌물의 성격을 띤 금품을 뜻하는 말로 쓴다.

"아직도 촌지를 내밀려는 학부모가 있다고 한다."
"촌지 받는 것을 당연하게 여기고 왜곡된 기사를 쓰던 기자는 결국 신문사에서 퇴출당했다."

부정한 촌지를 그 말과 함께 아예 없애 버리자. 그 대신 우리는 봉투에 돈을 담아 따뜻한 마음과 정성을 표현하는 일이 많으므로 그냥 '**돈봉투**'라고 하는 것이 어떨까?

"첫 봉급을 타던 날 나는 부모님께 선물과 함께 **돈봉투**를 드렸다."

돈 봉투는 부끄러운 것이 아니다. 촌지라는 말로 포장하여 내미는 깨끗하지 못한 돈이 부끄러운 것이다.

그리고 뜻도 모호한 '촌지'라는 말보다는 '돈봉투'라고 쓸 때 의미가 뚜렷하게 전달된다.

"아직도 **돈봉투**를 내밀려는 학부모가 있다고 한다."
"**돈봉투**를 받던 기자는 신문사에서 퇴출당했다."

첫 봉급날 나는 부모님께
속옷 선물과 함께 감사의
돈봉투를 드렸다.

결혼할까 혼인할까

한참 동안 인기 있었던 TV 드라마 '보보경심려 달의 연인'을 재미있게 보았다.

이 드라마는 고려 초 왕위를 둘러싼 여러 왕자들의 암투와 그에 얽힌 슬픈 사랑을 그린 드라마이다.

여기에서 고려 4황자인 이준기와 8황자인 강하늘 둘 다 이지은(아이유)에게 "혼인하자."고 한다. "결혼하자."고 했으면 웃길 뻔했다.

'혼인(婚姻)'은 오랫동안 쓰여 온 우리말이다. '**혼인 서약**', '**혼인 예식**', '**혼인 잔치**' 등으로 많이 쓰여 왔다.

'결혼(結婚)'은 일제강점기 이후에 우리 것을 밀어내고 들어앉은 일본식 한자어이다.

이제는 *결혼하지* 말고 **혼인하자**.

전향적인

학자들의 글에 '전향적'이라는 표현이 자주 눈에 띈다. 무슨 뜻으로 쓰였는지 한참 생각하게 만드는 말이다.

전향적(前向的)이란 말은 일본의 한자어이다. 어떤 대상에 대한 태도가 긍정적이라는 뜻인데, 굳이 일상에서 잘 쓰지 않는 말을 글에서 사용할 필요가 있을까? 더 유식하게 보이는가 말이다. 의미를 이해하는 데에 혼란만 가져다준다. 신념을 바꾼다는 '전향(轉向)'과 혼동을 일으키기도 십상이다.

> "청년들의 *전향적인* 생각을 수용하여 정책에 반영해야 한다."
> "그는 노인 복지법 개정에 대해 매우 *전향적이다.*"

이렇듯 문장들에 쓰인 전향적이란 말의 뜻이 불분명하다. 우리말 '앞서가는'이라 쓰든지, '진취적', '발전적', '적극적' 등 우리에게 익숙한 우리의 한자어가 얼마든지 있으니, 적합한 것으로 바꾸어서 뜻이 선명하게 드러나게 쓰기를 권한다.

> "청년들의 **앞서가는** 생각을 수용하여 정책에 반영해야 한다."
> "그는 노인 복지법 개정에 대해 매우 **적극적이다.**"

이참에 '전향(轉向)'도 '신념을 바꿈'으로 고쳐 쓰면 좋겠다.
> "그는 모든 불이익을 감수하고 *전향*을 거부하였다."
> → "그는 모든 불이익을 감수하고 **신념 바꾸기**를 거부하였다."

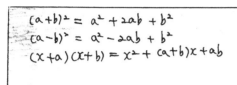

$(a+b)^2 = a^2 + 2ab + b^2$
$(a-b)^2 = a^2 - 2ab + b^2$
$(x+a)(x+b) = x^2 + (a+b)x + ab$

철수는 수학 공부에 **전향적인** 태도를 가지고 있어.

수학에 **전향적**이라고?

수학을 학교 진도보다 먼저 공부한다는 거야.

아, 예습을 한다는 거구나.

유도리, 단도리, 잡도리

우리말 구석구석에 아직도 일본말이 꽤 숨어 있다.

　　"사람이 좀 **유도리**가 있어야지 그렇게 꽉 막혀서야."

　　"일을 좀 **유도리** 있게 처리해 봐."

이런 표현을 자주 듣는다. '유도리(ゆとり)'는 일본말로, 시간이나 금전적여유 또는 기력 등이 남아 있음 뜻한다. '융통성'이라고 쓰는 것이 좋겠다.

　　"그 사람은 **융통성**이 없어."

　　"일을 좀 **융통성** 있게 처리해 봐."

또 '단도리'라는 말을 쓰는 사람도 적지 않다.

　　"오늘 집에 너 혼자 있으니 **단도리** 잘 해."

　　"큰 추위가 오기 전에 **단도리**를 철저히 해야 한다."

'단도리(だんどり)'도 일본말로, 일을 해 나가는 순서나 방법 또는 그것을정하는 일을 뜻하는 말인데, 이 말이 우리나라에 들어와 준비나 단속의 뜻으로 쓰이고 있다.

'유도리'니 '단도리'니 하는 일본말 찌꺼기들을 버리고 우리말을 살려 써야겠다.

채비나 단속을 뜻하는 순 우리말로는 '**잡도리**'가 있다. 잡도리는 '잘못되지 않도록 단단히 대책을 세우는 일' 또는 '엄하게 단속하는 일'을 뜻하는 말이다.

　　"이번에 **잡도리**를 잘해야 일을 그르치지 않고 성사할 수 있다."

　　"아이들이 기를 펴지 못하도록 지나치게 **잡도리**를 하는 것은 바람직하지 않다."

252

분필과 백묵

분필로 칠판에 글씨를 쓰면 분필가루가 날리기도 하지만, 손에 하얀 가루가 깊게 파고들어 위생적으로 좋지 않아 손을 매번 씻어야만 한다.

어느 학교에서였던가, 탁자 위 분필통을 여니 예쁜 종이로 깔끔하게 싸놓은 분필이 가지런히 들어 있었다. 선생님들을 위해서 어느 학생이 고운 손길로 분필을 하나하나 포장하는 수고를 한 것이었다. 이것이 아이들 사이에 퍼져, 다음날부터 거의 모든 교실에 포장된 분필이 놓였다. 이제 이름은 생각나지 않지만 선생님들을 생각하는 그 아이의 예쁜 마음씨가 지금도 사랑스럽게 느껴진다.

칠판에 글씨를 쓰는 분필은 탄산석회나 구운 석고가루를 물에 개어 손가락만큼씩하게 굳혀 만든 것이다. 그런데 분필을 '**백목**' 또는 '**백묵**'이라 부르는 사람들이 많다. '백목'은 '백묵'을 잘못 발음한 것이고, '백묵(白墨)'은 '흰 먹'이라는 뜻이다. 먹처럼 글씨를 쓰는 필기구인데 색깔이 하얗다는 말이겠다.

'백묵'은 일본에서 온 말이다. 붉은 색, 푸른 색, 노란 색깔을 띤 분필도 있는데, 그것들을 '붉은 백묵' '푸른 백묵', '노란 백묵'이라고 부르는 것이 자연스럽지 않다.

또, '칠판(漆板)'은 검정, 초록색 등의 칠을 하여 분필로 글씨를 쓰게 만든 것인데, 이것을 '**흑판**(黑板)'이라고 부르는 사람들이 있다. '흑판'이라는 이름도 일본에서 건너온 말이다. 검은색이었던 칠판이 짙은 초록색의 질 좋은 것으로 바뀐 지 수십 년이 되었는데, 이것을 흑판이라고 부르는 것은 백묵과 마찬가지로 어울리지 않는다.

틀린 말 '백목'이나 일본말 '백묵', '흑판'은 쓰지 말고, 우리말 '**분필**', '**칠판**'을 사용하자.

제왕절개

"요즘 우리나라에서 아이를 첫 분만하는 산모 두 명 중 한 명은 *제왕절개*로 아이를 낳는다. 전체 산모의 제왕절개 분만율도 45.0%에 달하며 해마다 이 비율이 늘어나는데, 이는 산모 세 명 가운데 한 명이 35세 이상으로 우리나라 여성의 출산 연령이 늦은 것과 관련이 적지 않은 것으로 본다."(건강보험심사평가원의 보고서에서)

제왕절개(술)는 임신부의 배와 자궁의 일부를 절개하여 성숙한 태아를 꺼내는 수술을 뜻한다. 우리나라 성인 가운데 이 말을 모르는 사람이 거의 없을 것으로 생각하는데, 산모의 배를 갈라 아이를 인위적으로 꺼내는 수술에 '제왕(帝王)'이란 이름이 붙은 이유를 아는 사람은 과연 몇 명이나 있을까?

제왕절개 수술은 영어로는 'Caesarean operation'이다. 이 말은 라틴어 '섹티오 카이사레아(sectio caesarea)'에서 유래한 말이라고 한다. '카이사레아'는 '자르다'의 뜻인데, 이 말이 '카에사르(케사르)'와 발음이 비슷해 'Caesarean'이라 하면 '제왕'이란 뜻과 '절개'라는 두 가지 의미를 가진 중의어(重意語)가 된 것이다. 이것을 일본에서 가져다가 직역한 말이 '데이오셋카이(帝王切開)'이고, 이것을 그대로 우리말로 옮긴 것이 '제왕절개'다. 아이를 분만한다는 뜻이 전혀 들어 있지 않은 말이다.

북한에서는 '제왕절개술'이라는 말과 함께 '애기집가르기'라는 말을 쓴다. 우리말로 순화한 것은 좋으나 아기집을 가른다는 말이 아무래도 섬뜩한 느낌을 준다. 남한에서는 '아기'가 표준어이고 자궁을 '아기집'이라 부른다.

우리에게는 뜻도 모르면서 일본식 한자어를 그대로 가져다 쓰고 있는 것들이 많다. 이제 '제왕절개'라는 말은 버리고, 자연분만이라는 말과 대비해 **'인공분만(술)'**로 고쳐 쓰면 어떨까?

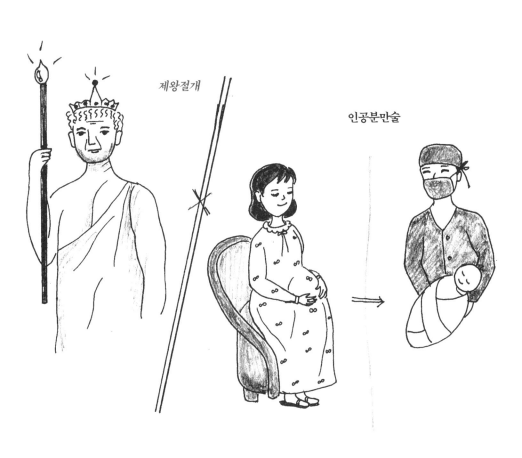

제왕절개

인공분만술

마이

우리나라 중·고등학생들은 대부분 교복을 입는다. 교복 바지, 치마, 셔츠, 조끼 등을 가리키는 이름에 혼란이 없는데, 위에 입는 겉옷을 가리키는 말을 정해 놓지 않아 '**가다마이, 마이, 우와기**' 등 일본말 위주의 명칭으로 부르기 일쑤다. 거기에 '재킷, 자켓, 윗도리, 웃도리' 등 통일되지 않은 말들로 부른다.

연구소에 오는 한 아이도 '마이'라고 부른다고 하였다. "마이가 무슨 뜻인지 아니?" 하자, "윗옷을 가리키는 말 아닌가요?" 하며 '마이'가 우리말인 줄 알았다고 말한다. 학교에서 아이들이 모두 그렇게 부른단다. 큰일이구나 싶었다.

'마이'는 일본말 '가다마이'를 줄여서 부르는 말이다. 양복 윗옷과 같이 양쪽 앞자락을 살짝 겹치게 여며 입는 상의, 즉 재킷(Jacket)을 가리키는 말이다. 우리말에서는 재킷을 '**웃옷**'으로 순화하였다. '우와기'도 상의(上衣)를 뜻하는 일본말이다.

'윗도리'는 사람의 상체와, 위에 입는 옷을 두루 가리키는 말이며, 웃도리는 사투리이다.

양복 웃옷을 '양복저고리'라 부른다. '저고리'가 한복의 윗옷을 가리키는 말로만 쓰이는 것으로 알기 쉬운데 겉에 갖추어 입는 옷 가운데 위에 입는 웃옷을 저고리라 쓰는 것이 맞다.

"그는 **양복저고리**를 걸치고 집을 나섰다."

양복의 위에 입는 웃옷은 '양복저고리', 교복으로 입는 웃옷은 '교복저고리'라 하면 된다.

"**교복저고리**를 단정하게 갖추어 입고 다니자."

"그 아이는 작년에 산 **교복저고리**가 벌써 꽉 낀다.

교복저고리

마이

가다마이

시건장치 잠금장치

"강릉시는 27일 태풍 및 집중호우 시 하천 범람에 대비해 하천변에 설치한 갑문(閘門) 점검에 나섰다. 시는 전담팀을 편성해 관내 7개 갑문에서 전기배전반 *시건장치* 및 작동부 *시건장치*, 갑문 개폐에 지장을 초래하는 장애물 정비 등을 실시했다."

"작업환경 개선이 시급하다고 판단하고 새로운 현장실행형 안전교육을 도입하고 *시건장치*, 열 프로텍터 설치 등 화상위험 제거를 비롯한 안전조치 강화로 공장 내 잠재위험을 제거했다."

최근에 보도된 신문기사들이다. 일본말 '시건장치'를 아직까지도 뜻도 모르고 많이 쓰고 있음을 본다.

'시건장치'를 우리말 '잠금장치'로 순화하여 쓰자고 한 지 오래 되었는데도 대중에게 영향력 있는 신문들에서 아직도 빈번히 쓰고 있다는 사실이 씁쓸하다.

'시건(施鍵)'은 일본어에서 온 말이다. 원래의 일본어는 '시정(施錠)'인데 우리나라로 들여오면서 변해 '시건'이 되었다. '시정'은 '자물쇠를 설치하다'의 뜻인데, '시건'이 되면서 '열쇠를 설치하다'의 뜻을 가진 말이 되었다. 자물쇠를 설치한다는 게 열쇠를 설치한다는 말이 되다니 우스꽝스럽기 짝이 없다.

"당국이 모든 건물마다 철저히 **잠금장치**와 종이로 인쇄한 '봉인 마크'를 문 쪽에 붙이는 등 봉인조치를 하고 건물경비도 하고 있다고 전했습니다."

어쨌든 잠그기 위해 무언가를 설치하려면 잠그지도 못하는 '시건장치'하느라 애쓰지 말고 이제부터는 '잠금장치'를 하자.

우리집 **잠금장치**를
번호식으로 바꿨다.

혼자 할 수 있어.

납골당 봉안당

"한국의 장례문화는 고인을 화장 후 **납골당**에 모시는 것이 일반적이지만, 요즘 일본에서는 지자체가 마련한 합장묘를 선택하는 사람이 급증하고 있습니다."

"국립○○호국원 역시 5만기 규모의 **봉안당** 확장 공사가 진행 중이다."

시체를 화장하여 유골을 그릇에 담아 안치해 두는 곳을 '봉안당'이라 부른다. 원래는 '납골당(納骨堂)'으로 불렀다. '납골당'이란 말은 일본에서 사용하는 용어를 그대로 가져다가 써 온 것으로, 죽은 사람의 뼈(유골)의 의미가 두드러져 어감이 좋지 않은데다가 화장으로 장례를 치르는 것에 대한 부정적 의미를 담고 있어 우리말로 순화할 필요가 있다 하여 2007년에 '봉안당'으로 그 명칭을 바꾸었다.

봉안(奉安)은 '받들어 편안하게 모신다'는 뜻의 용어로서, 고인에 대한 공경의 의미도 담고 있을 뿐 아니라 이 용어를 통해 관련 행위 및 시설에 대한 위상까지 높일 수 있다는 것이 명칭을 바꾼 이유였다.

그런데 이렇게 순화한 표현 '봉안당'으로 바꾸어 쓰자고 한 것이 10년이 훨씬 지났지만 전국에 납골당이란 이름을 가진 시설이 아주 많을 뿐더러, 위의 예문에서 보는 바와 같이 아직도 납골이란 용어가 빈번히 쓰이고 있는 것이 현실이다. 국가의 정책 홍보가 미약하거나 국민들의 우리말에 대한 의식이 약한 때문일 것이다.

말은 쓰는 순간부터 생명을 얻는다. 언중이 다 같이 쓸 때 강한 생명력을 가진 우리말이 되어 길이 살아남을 것이다. 이제부터라도 **납골당** 버리고 **봉안당**을 사용하자.

어부인, 영부인, 부인

"요즘 우리 **어부인**의 심기가 좋지 않아 집에 일찍 들어가야 해."

가끔 이런 말이 귀에 들린다. '어부인(御夫人)'을 자신의 아내를 가리키는 말로 쓴 듯한데 맞는 걸까?

'어부인'은 일본말로서 남의 부인을 높여 부르는 말이다. 그걸 뜻도 모르고 가져다 자기 아내를 가리키는 말로 쓰고 있는 것이다. 처음엔 누군가가 농담 삼아 쓴 말인지도 모르지만, 꽤 많은 사람들이 이 말을 이렇게 잘못 쓴다. 다른 사람 앞에서 자기 아내를 높여 부르는 것이 우리 예법에 맞지 않을 뿐더러 우리말에 어울리지 않는 일본말이므로 어부인이란 말을 쓰지 말아야 한다.

일본말에는 앞에 '임금 어(御)'가 붙은 말들이 있다. '御'를 한자 앞에 붙여 상대방에 대한 높임말로 쓴다. '어부인(御夫人)'도 그 가운데 하나이다.

(우리말에도 '임금 어(御)'가 붙은 말들이 있다. 어명(御命), 어의(御衣), 어사(御使)와 같이 임금에 관련된 말들이다. 오늘날은 실생활에서 쓸 일이 없는 말들이다.)

남의 아내를 높여 부르는 말은 '**부인**(夫人)' 또는 '**영부인**(令夫人)'이 있다. 대통령의 아내가 영부인이 아니라, 남의 아내는 모두 '영부인'이다. 대통령의 아내는 '대통령 영부인'이라 해야 한다.

'영부인' 쓰기가 어색하면 그냥 '부인'이라 쓰자. 친구 사이라면 '자네 안사람(안식구)'도 무난하다. '자네 마누라'라는 표현은 낮춤말로 들리니 쓰지 않는 것이 좋겠다.

자기 아내는 '부인'이 아니라 '**아내**', '**집사람**', '**안사람**'이다.

작금, 금번

"영화 《남한산성》의 상황은 *작금의* 현실과 크게 다를 바 없다."

"*작금의* 경제 상황을 어떻게 해결해나갈 것인가?"

들을 때마다 귀에 거슬리는 말이 '작금'이다. 방송이나 뉴스에서 참 많이도 쓰는 이 말은 일본인들이 만들어낸 한자말이다.

'작금(昨今)'은 '어제 오늘'이란 말인데 국립국어원에서 '요즈음', '요사이'로 순화하였다. '오늘날'로 바꾸어도 좋겠다.

"영화 남한산성의 상황은 **요즈음** 현실과 크게 다를 바 없다."

"**오늘날** 경제 상황을 어떻게 해결해나갈 것인가?"

알아듣기 쉬운 우리말을 두고 왜 군이 일본말을 써야 할까?

'금번(今番)'도 마찬가지로 일본의 한자말이다.

"그는 지난번과 마찬가지로 **금번**에도 똑같은 일을 저질렀다."

"**금번** 우리가 논의할 안건은 생태계 보존에 관한 것이다."

'금번'은 우리말 '이번에'라 하는 것이 알아듣기 쉽고 자연스럽다.

"그는 지난번과 마찬가지로 **이번에도** 똑같은 일을 저질렀다."

"**이번에** 우리가 논의할 안건은 생태계 보존에 관한 것이다."

우리가 쓰는 말들을 들여다보면, 우리말을 없애고 그들의 말을 심어 넣으려 했던 일본인들의 말이 아직도 많다. 우리 모두 자신이 쓰는 말에 좀더 관심을 기울여 입에 붙어 있는 일본말 찌꺼기들을 솎아내 버리고 좋은 우리말을 쓰자.

요즘
작금 그의 연주가
더욱 아름다워졌다.

이번
금번 연주회도 기대된다.

탕비실과 준비실

"오늘 회사 **탕비실**에 커피가 떨어졌다. 이참에 좋은 커피를 놓자."

"**탕비실**은 부서의 간식거리, 커피포트, 냉장고 등이 비치된 공간이다."

"이 건물은 사무실 단기임대가 가능한 로비와 **탕비실**까지 마련된 신축빌딩입니다."

일본인들은 병원이나 사무실에서 물을 끓이거나 그릇을 씻을 수 있도록 마련한 조그만 방을 '(물을) 끓인다'는 뜻을 가진 '탕비실(湯沸室)'이라 부른다.

그 말을 가져다가 뜻도 모르고 사람들이 참 많이도 쓴다. 탕비실이 무엇인지 아느냐고 물었더니 목욕탕 아니냐고 하는 사람들도 여럿 보았다. 설명 없이 이름만 들어서는 무엇을 가리키는지 알 수 없다. 남의 말이기 때문이다.

국립국어원에서 탕비실을 '준비실'로 고쳐 쓰자고 권고하였으나 그렇게 부르는 사람들이 흔치 않다. 오히려 탕비실이란 말이 점점 더 퍼지는지 곳곳에 아주 많이 보인다.

관공서든 회사 사무실이든 차나 간단한 간식거리를 보관하고 준비하는 공간을 '**준비실**'이라 부르자. 더 여러 용도로 쓰는 공간이라면 '**다용도실**'이라 부르는 것도 좋을 듯하다.

요즘 내가 사용하는 물건들 가운데 일본 제품이 있는지 새삼 둘러본다. 당연히 우리가 만든 우리 물건인 줄 알았는데 일제라는 것을 알고 놀라기도 한다. 언어도 마찬가지다. 모르고 써 왔더라도 알게 된 뒤에는 선택해야 한다. 우리 것을 지킬 것인지. 일본이 심어 놓은 것 그대로 쓸 것인지.

진검승부

"젊은 에너지를 뿜어내는 피아니스트들이 *진검승부*를 펼친다."

"8K TV 시장의 주도권을 잡기 위한 TV제조업체들의 *진검승부가* 펼쳐질 전망이다."

"너와 나 누가 공을 더 많이 넣나 오늘 *진검승부*를 겨루자."

대중매체에서든 개인 간의 대화에서든 자주 쓰는 말 가운데 '진검승부'가 있다. 이 말의 뜻을 제대로 알고 쓰는 걸까?

'진검승부(眞劍勝負)'는 진짜 칼로 싸워서 이기고 짐을 가린다는 뜻이다. 옛날 일본의 무사들은 평소에 나무로 만든 검으로 검술을 익히다가 진짜 싸움에서는 진짜 칼을 들고서 어느 한쪽이 죽을 때까지 싸웠다. 이것이 진검승부이며 일본어로는 '신켄쇼부'라고 발음한다. 간혹 "쇼부를 보자 어쩌고..." 하는 사람들을 보는데, '쇼부'가 '승부'의 일본말이다. '진검승부'니 '쇼부'니 하는 일본말 찌꺼기를 더 이상 쓰지 말자.

일본어 순화 자료집에 '진검 대결'을 '생사 겨루기'라 순화해 놓았는데, 이 말도 어감이 좋지 않기는 마찬가지다. "젊은 피아니스트들이 생사를 겨루며 피아노를 친다." "TV 판매 시장에 죽기 살기로 나간다." "너랑 내가 목숨을 걸고 농구 게임을 하자." 이런 말이 된다. 모두 지나치게 과장스럽고 자극적이지 않은가?

'진검승부'나 '진검 대결' 대신에 쓸 수 있는 좋은 우리말이 얼마든지 있다. '승부를 가리다' 또는 '승패를 결정하다'라 쓰든가, 아니면 '정면 대결', '맞대결', '한판 대결' 등을 쓰면 된다.

"피아니스트들이 **승부를 가린다**.

"TV제조업체들의 **정면 대결**이 펼쳐질 전망이다."

"누가 공을 더 많이 넣나 오늘 **승패를 결정하자**."

진검승부

한판 대결

담배 한 보루와 한 개비

담배 열 갑 묶은 것을 '**보루**'라고 부른다. 그런데 이 보루라는 말이 어디서 온 것인지 아는 사람이 있을까? 사전에는 '보루'가 일본말이며, "담배를 묶어 세는 단위. 한 보루는 담배 열 갑을 이른다."고 설명하면서도 순화어를 제시하지 못하고 있다.

'보루'는 영어의 'board(보드)'에서 온 말이다. 'board'는 판자나 두툼한 종이를 가리킨다. 일본인들은 이것을 발음하기 어려웠으므로 편하게 '보루'라 불렀다. 이 말을 우리가 그대로 가져다 쓰기 시작하면서, 두툼한 종이인 보루로 담배 열 갑을 포장하였으므로, '보루'가 담배 열 갑을 묶는 단위를 가리키는 말로 굳어버렸다.

오늘날 담배 열 개를 포장하는 종이가 보루(board)라 할 만큼 두껍지도 않거니와, 어정쩡한 일본말 보루를 계속 이대로 쓸 것이 아니다. 우리말에는 '줄', '꾸러미' 등 열 개를 단위로 부르는 말들이 있다. '**담배 한 줄**'로 쓰면 좋겠다. 누구라도 담배 한 줄을 열 갑으로 알아듣는데 어려움이 없을 것이다.

사람들이 낱개의 담배를 '개비, 개피, 가치, 까치' 등으로 부르는데 어떤 말이 맞을까? 낱 담배 하나를 가리키는 말은 '**개비**'이다. 개비는 '가늘게 쪼갠 나무토막이나 기름한 토막의 낱개, 또는 그것을 세는 단위'를 가리킨다. 담배 한 '개피, 가치, 까치' 등은 모두 잘못된 말이다. '개비'만을 표준어로 인정한다.

예전에는 담배를 낱개로도 팔았다. 이것을 흔히 '가치담배'라 불렀다. '가치담배'는 관용적으로 굳어진 말이므로 표준어로 인정한다. 그러나 담배 개비를 '가치'로 부르는 것은 인정하지 않는다.

하나 더, 담배 '갑'일까, '곽'일까? 작은 물건을 담아 그 분량을 세는 단위는 '갑'이다. '**담배 한 갑**', '**분필 두 갑**'과 같이 쓴다.

성냥 한 **개비**로 세상 한 귀퉁이를 밝히다.

갑화장지

곽티슈

킁

줄

담배 한 보루

개비

한 가치

한 갑

대하와 왕새우

"안면도 가을 *대하*의 참맛 즐겨보세요."

"지금 서해안에 대하축제가 한창이다. 남당항 *대하축제.*"

전국에 '대하축제'라는 이름으로 행사를 벌이는 곳이 많다. 가을이 되어 새우가 통통하게 살이 오르니, 이것이 많이 잡히는 지역에서 사람들을 불러 모으기 위한 행사를 여는 것이다. 그런데 새우를 왜 '대하'라 부르는 걸까?

'대하'라고 하면 해석을 거쳐야 알게 되는 말 중의 하나이다. 우리말 '큰 새우', '왕새우'라는 말이 있는데 굳이 대하라는 말로 부르는 까닭이 무엇이란 말인가?

새우는 일본말로 '에비(えび)'인데 한자로 '蝦(하)' 또는 '鰕(하)'라고 쓴다. 일본에서는 잔칫상에 새우를 빼놓지 않는 관습이 있다. 일본말로 '축하한 다'라는 말은 '메데타이(目出度い)'인데, '눈이 나왔다(目出)'는 뜻이 들어 있 어 눈이 튀어나온 새우를 잔칫상에 꼭 올린다고 한다.

일제강점기를 거치면서 우리가 일본에서 쓰는 한자 '蝦(하)'를 가져다가 큰 새우를 '대하(大蝦)'라고 부르게 된 것이다.

오래 전에 '대하'를 '**큰새우**' 또는 '**왕새우**'로 순화하였는데, 아직도 습관 적으로 대하라고 부르고 있으며, 지방정부에서도 생각 없이 '대하축제'라 고 공공연히 이름 붙여 행사를 벌이는 것이다.

'축제'도 일본에서 온 말이니 우리말 '잔치'로 바꾸어서 이제부터는 '**큰새 우 잔치**'나 '**왕새우 큰 잔치**'라고 부르기를 권한다.

심심한 사의

"입학식에 와 주신 학부모님들께 *심심한 사의*를 드립니다."

'심심한 사의', 어린 시절 이 말을 처음 들었을 때는 여러 아이들과 같이 웃었다. 높으신 어른이 단 위에서 심각하게 말씀하시다가 갑자기 '심심하다'니 어찌 우습지 않겠는가?

"… 혼란을 일으킨 점에 대해 여러분께 *심심한 사의*를 표합니다."
"…을 대표해 *심심한 사의*를 드립니다."

높은 분들은 공식석상에서 이 말을 쓰기를 좋아하는 것 같다. '심심한 사의'의 정확한 뜻이 무엇인가?

여기서 '심심하다'는 '할 일이 없어 지루하고 재미가 없는' 그 '심심하다'가 아니다. 한자말로 '심심(甚深)'에 '하다'를 붙여 '마음의 표현 정도가 매우 깊고 간절하다'는 뜻의 형용사이다.

'사의'는 한자어로 된 동음이의어가 여러 개인데, 그 중에서 '심심한'과 어울려 쓰는 것은 '사의(謝意)'이다. 이 말은 '감사하게 여기는 뜻'과 '잘못을 비는 뜻' 두 가지 의미로 풀이한다.

따라서 '심심(甚深)한 사의(謝意)'는 '매우 깊이 감사하는 뜻' 또는 '매우 깊이 잘못을 비는 뜻'으로 풀이할 수 있다.

이것이 우리말이라면 이렇게 구구절절이 해석하느라 애쓸 필요가 없을 것이다. 이 말은 일본인들이 즐겨 쓰는 "甚深(しんじん)なる謝意(しゃい)を表(ひょう)する.(심심한 사의를 표하다)"를 그대로 우리말로 바꿔 습관처럼 쓰고 있는 것이다.

"깊이 감사드립니다." **"정말 죄송합니다."** 이렇게 쓰면 얼마나 좋은가?

송년회와 망년회

한 해가 저물어간다. 올해도 참 덧없이 빠르게 지나가고 있다. 남은 한 달을 어떻게 보내며 한 해를 잘 마무리할 것인가 생각해 본다. 연초에 계획했던 일, 일 년 동안 벌여 놓았던 일들이 제대로 지켜지고 이루어졌나 돌이켜 꼼꼼히 헤아려 보고 매듭지어 보내는 송년(送年)의 시간이 필요하다.

혼자만의 송년도 중요하지만 가까운 사람들과 정을 나누며 함께 송년의 시간을 갖는 것도 의미 있는 일이다. 많은 사람들이 연말에 송년회 모임을 갖는다. '**송년회**(送年會)'는 한 해를 잘 보내자는 모임이다. 한 해 동안 주고받은 우정을 더욱 돈독히 하며 서로 감사하는 마음을 나누는 모임, 그리고 새해에도 서로 돕고 격려하며 잘 살아가자는 무언의 약속을 하는 자리, 그것이 송년회이다.

그런데 '망년회'는 무엇인가? 많은 사람들이 생각 없이 쓰는 '**망년회**(忘年會)'는 일본에서 온 말이다. 일본인들은 예로부터 섣달그믐께 친지들이 한데 모여 먹고 마시며 흥청대는 관습이 있는데 그것을 '망년(忘年)', 그런 자리를 '망년회(忘年會)'라 불러왔다. 한 해 동안의 삶을 잊어버린다는 뜻이다. 해마다 잘못 살아온 괴로움을 술의 힘을 빌려 잊어버리려고 하는 썩 바람직하다고 할 수 없는 풍속이다.

언제부터인가 우리나라 사람들이 그 좋지 못한 일본의 풍습을 그 말과 함께 가져다가 연말에 먹고 마시는 유흥의 회식 문화를 즐기는 것을 본다. 한 해 잘못 살아온 것을 잊으려 술에 취해 흥청거리다 보면 새해를 후회로 시작하기 십상이다.

한 해의 삶은 다시 오지 않을 소중한 삶이니 잊을 것이 아니다. 잘한 일, 기뻤던 순간, 감사한 사람, 잘못한 일에 대한 반성 등을 소중한 기억들로 차곡차곡 정리하여, 새로운 계획을 세우고 마무리를 잘하며 남은 연말을 채우는 것이 진정한 송년 아닐까?

염두에 두다

"요즘 같이 추운 겨울에는 무엇보다도 보온성을 **염두하고** 옷을 골라
야 합니다."

TV홈쇼핑 진행자의 말을 듣고 귀를 의심했다. '염두하고'라니. 설마 하면서
인터넷을 들여다보니, 블로그를 비롯한 온갖 게시글들, 심지어 뉴스에까지도
이와 같은 표현이 수없이 많았다.

"아파트 청약 일정을 *염두해서* 빨리 도전해보세요."
"이것은 마케팅을 *염두해서* 만든 제품으로…"
"시험을 앞두고는 최대한 가능성을 *염두해서* 전략 짜기 방향성을
예측해야 한다."

'염두(念頭)'는 '생각의 머리' 즉 '생각의 시초'나 '마음속'을 뜻한다. 관용적
으로 자주 쓰이는 '**염두에 두다**'는 생각의 첫머리에 놓을 정도로 늘 중요하
게 생각한다는 뜻인데, '염두하다' '염두해 두다'처럼 써서는 안 된다. '마음속
+하다'의 꼴이 되어 말이 안 되기 때문이다.

그런데 '생각의 머리에 둔다'는 말이 자연스러운 우리말이 아니라는 생각
을 갖게 한다. 사전을 보니 일본인들이 자주 쓰는 관용어 '念頭に置く(염두에
두다)'가 있다. 역시 일본말이다. 남의 나라 말 가져다 우스꽝스럽게 쓰지 말고
편한 우리말로 바르게 쓰자. 위의 예문을 이렇게 쓰면 자연스럽다.

"무엇보다도 보온성을 **먼저 생각하고** 옷을 골라야 합니다."
"아파트 청약 일정을 **고려해서** 빨리 도전해보세요."
"이것은 마케팅을 **계산하여** 만든 제품으로…"
"시험을 앞두고는 최대한 가능성을 **생각해서** 전략 짜기 방향성을
예측해야 한다."

찌라시와 뜬소문

매일 연구소 문짝에 붙어 있는 온갖 광고지들을 만난다. 피자나 통닭 가게를 비롯하여 각종 음식점, 세탁소, 미용실 홍보 등 주로 상업적인 목적으로 찍어낸 한 장짜리 광고지들이다.

이뿐만이 아니다. 연구소 유리문에 무언가가 "탁!" 하고 치는 소리에 놀랄 때가 있는데, 이것은 오토바이를 타고 가면서 던진 작고 단단한 광고지가 문에 부딪치는 소리이다. 시간을 줄여서 더 많은 사람들에게 뿌리기 위한 나름 기발한 방법이다.

광고지 또는 '전단지(傳單紙)'란 배포를 위해 만든 홍보용 종이 인쇄물을 가리킨다.

그런데 이것을 아직도 '찌라시(지라시)'라 부르는 사람들이 있다. 공공의 글에서도 마찬가지다. '지라시(散らし)'는 누가 들어도 일본말이라는 걸 알수 있는데도 버리지 못하는 것이 안타깝다.

또 확인되지 않은 뜬소문을 속되게 찌라시라 일컫기도 한다.

"그 소식은 공천 시즌만 되면 나도는 일종의 *찌라시* 중 하나이다."

"*찌라시를* 사실이라고 믿는 많은 사람들은 우매한 대중이다."

"스타들의 뉴스에는 항상 이 *찌라시가* 따라다닌다."

위 예문의 '찌라시'는 모두 '**소문**(**뜬소문**)'으로 바꾸어 쓰는 것이 좋겠다.

"그 소식은 공천 시즌만 되면 나도는 일종의 **뜬소문** 중 하나에 불과하다."

"**뜬소문**을 사실이라고 믿는 많은 사람들은 우매한 대중이다."

"스타들의 뉴스에는 항상 **소문**이 따라다닌다."

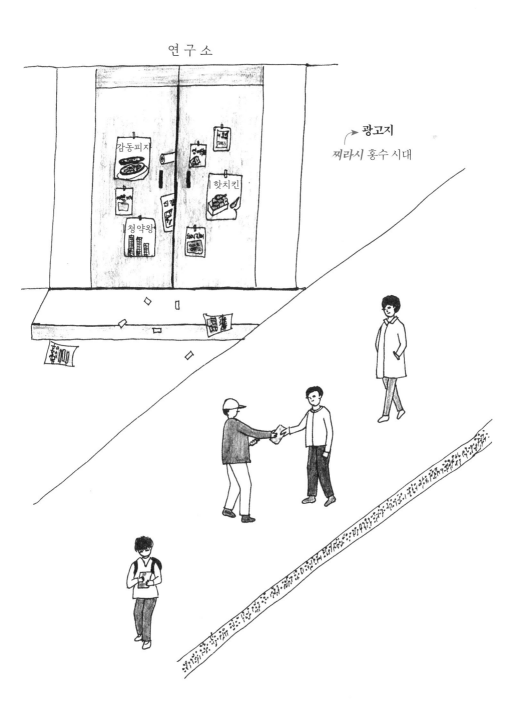

고수부지와 둔치

"섬강 *고수부지*에 설맞이 큰 장터가 열린다."

뜻을 잘 알지 못하면서 흔히 쓰는 말 가운데 '고수부지(高水敷地)'가 있다. 국어사전에 '큰물이 날 때만 물에 잠기는 하천 언저리의 터'라 설명해 놓았고 **둔치**로 순화하였다고 밝히고 있다. 순화한 이유는 이것이 일본에서 온 말이기 때문이다.

본래 물 가장자리의 언덕진 곳을 뜻하는 우리말이 '둔치'이다. 둔치는 홍수가 날 때에만 물에 잠기는데, 예부터 강물 줄기를 중심으로 사람들이 모여 큰 마을을 이루어 내려왔으므로 도시든 시골이든 둔치가 있게 마련이다. 그것이 일제강점기를 거치면서 일본말에 밀려나 잘 쓰이지 않는 말들 가운데 하나가 되었다.

'고수부지'는 일본말 고수공사(高水工事)의 '고수'와, '빈 터'를 뜻하는 일본말 '부지(敷地)'를 가져다가 합쳐서 붙인 이름인데, 한강의 둔치를 정비하면서 공무원들이 이 말을 쓰기 시작했다고 한다. 그 후 전국으로 퍼져 우리말 둔치를 밀어내고 두루 쓰이게 된 것이다.

둔치는 잡풀이 우거져 있어서 마치 쓸모없는 땅처럼 보이지만, 많은 식물과 동물이 서식하며 물 생태계와 육지 생태계를 이어주는 중요한 곳이다. 또 뭍에서 흘러나온 오염된 물을 걸러서 깨끗하게 해 주는 역할을 한다. 그런 곳을 정비한답시고 시멘트로 발라 생태계를 해치는 일이 많다. 둔치를 그 말과 함께 살려 써야 한다.

일본말 '부지(敷地)'는 건물을 세우거나 도로를 만들기 위하여 마련한 땅을 가리키는 말인데 이것은 우리말 '터'로 순화하였다.

"가나기업은 시의 공터를 아파트 *부지*(→ **터**)로 매입하였다."

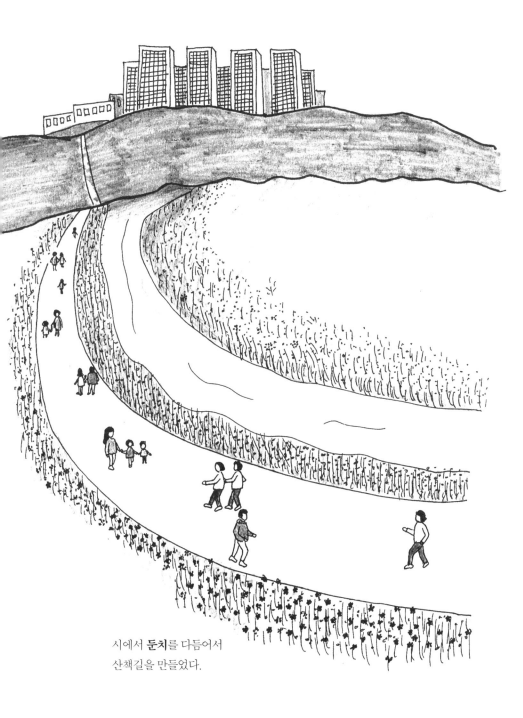

시에서 **둔치**를 다듬어서
산책길을 만들었다.

대인과 소인

학생들을 인솔하여 유명 놀이공원에 갈 기회가 많았다. 아름다운 자연 경관과 함께 많은 볼거리, 놀거리들이 있어 사람들이 즐겨 찾는 곳이다. 그런데 그곳에 갈 때마다 눈에 거슬려 바로잡아 주고 싶은 것이 있다. **매표소**에 쓰여 있는 '**대인** ○○○원', '**소인** ○○○원' 이런 글들이다. '대인(大人), 소인(小人)'을 우리말로 풀이하면 '큰 사람, 작은 사람'이라는 말인데 우리가 평상시 대화에서 쓰지 않는 말들이며, 각기 다른 뜻으로도 풀이될 수 있어 이래저래 쓰는 것이 바람직하지 않다.

놀이공원뿐 아니라 미술관, 전시관, 박물관 등이나 목욕탕, 찜질방 등 입장권을 파는 곳에 쓰인 글들이 제각각이어서 어지럽다. '대인, 소인'만 쓰는 게 아니라 '성인, 중고생, 초등학생'으로 구분한 곳도 있고, '성인, 소인'으로, '일반, 청소년, 어린이'로, '일반, 초등생'으로, 또는 '성인, 아동'으로 구분한 곳도 있다.

'대인', '성인', '일반'은 모두 우리말 **어른**으로, '소인, 아동'은 **어린이**로 통일하여 쓰는 것이 바람직하다. 또 '매표소(賣票所)'는 이미 순화한 말이 있다. '**표 사는 곳**'이다. 얼마나 알아보기 쉽고 정겨운 말인가?

'어른'과 '어린이'를 각각 '대인'과 '소인'으로 부르는 것은 일본말이다. 중국에서는 아이를 '소인'이라 부르지 않는다. 일본은 어른을 뜻하는 '대인'의 상대어로 '소인'을 만들어 아이를 가리키는 말로 쓴다. '어른', '어린이'와 같은 아름다운 우리말을 두고 일본인이 어쭙잖게 만들어낸 말을 가져다 따라 써야 할 것인가?

개전의 정

“검찰은 지난 14일 결심 공판에서 ‘죄질이 불량하고 *개전의 정*이 없다.’ 며 현씨에게 징역 7년을 구형했다.”

재판에 관한 뉴스에서 ‘개전의 정’이란 말이 많이 들린다. 이 말이 무슨 뜻일까? ‘개전(改悛)의 정(情)’이란 형법과 형사 정책에서 피의자 또는 피고인이나 수형자가 **‘잘못을 뉘우치는 마음가짐’**을 이르는 말이다. 선고 유예나 가석방, 양형 등에서 법관이 판단을 할 때 고려할 수 있는 요건 가운데 하나이다.

형법에서는 죄를 범한 사람의 죄를 심판할 때, 그 사람의 마음가짐을 고려하여 형을 정하는 이른바 용서의 법률을 적용한다. 죄를 범한 사람이 자신의 잘못을 뉘우치고 있는지 아닌지 그 태도를 보고 판단하여 형을 정한다는 말이다. 명백하게 죄를 지은 것이 입증되었음에도 변명을 하거나 계속 부정하는 태도를 보이면 이는 뉘우치는 마음(개전의 정)이 없다고 판단한다.

‘개전의 정’이란 말은 일본에서 쓰는 말을 그대로 가져다 쓰는 것이므로 우리말 **‘뉘우치는 빛’**으로 순화하였다. 이제부터라도 ‘뉘우치는 빛이 있다(없다)와 같이 쓰는 것이 바람직하다.

“피의자는 자신이 저지른 일에 대하여 **뉘우치는 빛**이 있으므로⋯”

우리말 순화에 앞장서야 할 방송에서조차 아직도 고치지 못하는 것이 안타깝다.

맺음말

　우리가 쓰는 말에 우리의 정신이 담겨 있다. 우리 민족의 감정과 사상이 우리말에 담겨 표현되고 전달되며 대대로 이어져 내려간다.

　우리말은 우리 민족의 역사와 함께 많은 일들을 겪으며 변화해왔다. 다른 민족이 우리 민족에게 강한 힘을 끼칠 때는 우리말도 그 민족의 말에 영향 받았고, 일본에 나라를 빼앗겼을 때는 우리 말글이 사라질 위기에 놓이기도 했었다. 일본이 우리 민족을 말살하기 위해 우리말과 글 대신에 일본말과 글을 쓰도록 강압했기 때문이다. 그러나 강한 민족정신을 가진 우리 선조들은 목숨처럼 우리말과 글을 지켜냈다. 지켜냈을 뿐만 아니라 우리말을 하나도 빠짐없이 보존하고 후손에게 물려주기 위해, 말들을 모으고 정리하여 기록한 우리말 사전 '말모이'를 만들어내기도 했다. 이것은 우리말글을 지킨 것이 아니라 우리 정신을 지킨 것이다.

　그런데 오늘날 우리말을 위협하는 것은 외국의 침략이나 강압이 아니다. 우리가 습관적으로 잘못 쓰는 우리말, 뜻도 모르고 남들 따라 쓰는 한자말, 일제 강점기에 우리말 속에 들어와 우리말을 밀어내고 들어앉은 일본말, 외국어로 배운 것을 우리말 속에 섞어 무분별하게 사용하는 서양말, 그리고 낮고 속된 말, 이런 것들이 우리말을 어지럽히고 흐트러뜨리며 위협하고 있다는 말이다.

　어느 민족이든 그 민족 문화의 중심이 말과 글이다. 우리말과 글에 우리의 소중한 문화유산이 담겨 있다. 우리의 가장 소중한 것을 스스로 무시하고 업신여기며 남의 것을 따라 쓰기 급급하다면 자존감 있는 민족이라고 할 수 있겠는가? 온갖 것으로 오염된 말을 쓰고 살면서 민족 자존심을 지킬 수 있겠는가?

이제라도 우리 모두가 우리 말글의 소중함을 깨닫고 자신이 쓰는 말과 글을 바로잡는 일을 시작하자. 선조에게서 물려받은 아름답고 훌륭한 말과 글을 우리가 관리하지 못해서 구석구석에 쌓여 있는 더러운 것들, 잘못된 말들을 다 골라내 버린 다음 깨끗이 닦고 다듬어서 후손에게 떳떳하게 물려주자. 그래야 우리 후손들이 천 년 만 년 우리말과 글을 사용하며 아름다운 문화를 꽃피우고 살 것이 아닌가?

도서출판 이비컴의 실용서 브랜드 **이비락**樂 은 더불어 사는 삶에 긍정의 변화를 줄
유익한 책을 만들기 위해 끊임없이 노력합니다.
원고 및 기획안 문의 : bookbee@naver.com